NIE ZDROWY UMYSŁ

Kompendium zaburzeń lękowych i depresyjnych

Mateusz Oleksy

Michał Lesiak

Cel publikacji

Niniejsza publikacja ma za zadanie w jak największym stopniu pomóc rozwiązać problem depresji poprzez zmianę sposobu myślenia w obliczu sytuacji kryzysowych. Kształtowanie nowych nawyków oraz wykonywanie odpowiednich zadań mających na celu poprawę funkcjonowania i jakości życia. Należy pamiętać, że nie jest to alternatywa dla terapii w gabinecie u specjalisty – psychologa lub psychiatry, która jest niezbędna, aby skutecznie wrócić do cieszenia się z codziennego życia. Zawarte w tej książce sposoby radzenia sobie w obliczu choroby mają na celu utworzenia mikro nawyków i rytuałów, które wykonywane systematycznie z czasem pomogą na nowo cieszyć się życiem. Należy mieć na uwadze, że opisane metody nie są uniwersalne dla każdego i niekoniecznie muszą sprawdzić się w każdym przypadku, co zależne jest od stopnia zaawansowania choroby i indywidualnych uwarunkowań psychicznych. Ćwiczenia i zadania nie mogą być alternatywą dla farmakoterapii a jedynie jej uzupełnieniem.

Wydawnictwo Bogactwo Umysłu

Pierwsze wydanie 2023
Projekt okładki: Mateusz Oleksy

Uwaga!
Autorzy nie ponoszą żadnej odpowiedzialności za brak poprawy sytuacji psychicznej chorego lub wykonywanie zadań w sposób niewłaściwy. Depresji nie należy w żaden sposób lekceważyć i zawsze zalecana jest konsultacja ze specjalistą przed samoczynnym podjęciem konkretnych działań. Podjęcie samotnej walki z depresją może skutkować obwinianiem się w przypadku braku rezultatu i spiralę negatywnych myśli, która tylko pogłębi problem zamiast go rozwiązać. Brak obiektywnej oceny psychicznej i analizy stanu mentalnego chorego może doprowadzić do nieoczekiwanego nawrotu choroby.

ISBN-13: 978-83-967868-1-4

Spis Treści

Wstęp

Zanim zaczniesz czytać tę książkę lub bezpośrednio szukać rozdziałów mających natychmiast rozwiązać Twój problem chcielibyśmy abyś na chwile zatrzymał się w tym miejscu i przeczytał, krótki wstęp, dzięki któremu łatwiej odnajdziesz się w publikacji tym samym zwiększając swoje szanse na wyjście z depresji. Na samym początku chcielibyśmy abyś podziękował sobie wewnętrznie za poczynienie realnych kroków w celu poprawy swojej sytuacji psychicznej. Niezależnie od przyczyn prosimy Cię abyś nie obwiniał lub obwiniała siebie za to jak się obecnie czujesz. Możliwe, że borykasz się obecnie z dużymi problemami i nie masz nawet siły by podnieść się z łóżka. Świat wydaje Ci się być szary bez przyszłości i nadziei że kiedykolwiek będzie lepiej lub coś się zmieni.

Czytasz jednak tę książkę, ponieważ pragniesz zmiany swojej sytuacji. Dopóki żyjesz masz szanse na naprawę swojego wewnętrznego świata. Jesteś na dobrej drodze aby to zrobić. Podejmujesz działanie, które z pewnością zaowocuje w przyszłości. Wiele osób nie szuka rozwiązania swojego problemu, a gdy zaczynają szukać lub udają się do specjalisty, choroba jest często w zaawansowanym stopniu i wymaga długoterminowego leczenia przy użyciu farmakoterapii. Możliwe, że Ty również jesteś jedną z takich osób i do momentu, kiedy depresja przejęła kontrolę nad twoim życiem polegasz tylko na sobie.

MODUŁ 1 – DEPRESJA

— Rozdział 1 -
Przyczyny i Rodzaje Depresji

Postawa wobec osób chorych na depresje

Postawa wypierania problemów ma swoje korzenie w naszej kulturze, gdzie lekceważono kwestie depresji i uważano ją za wymysł cywilizacyjny XX wieku. Ludziom z natury łatwiej odwrócić głowę i powiedzieć komuś by wziął się w garść, niż wykazać zainteresowanie i okazać pomoc. Osoba taka może czuć się zobligowana do bycia przy chorym przez 24 godziny na dobę w razie sytuacji kryzysowej, co może być niekomfortowe. Często wystarczy jednak szczera rozmowa z drugim człowiekiem, aby stan tej osoby chwilowo się poprawił. W trakcie rozmowy powinniśmy skupić się przede wszystkim na słuchaniu, zapewnieniu bezpieczeństwa i komfortu. Należy pamiętać, że opowiedzenie drugiej osobie o swoim problemie często jest dużym krokiem odwagi. Wskazuje to również, że chory darzy nas dużą dozą zaufania co oznacza, że jesteśmy kimś ważnym w jego życiu. Jednorazowa rozmowa na pewno nie wyleczy choroby, ale będzie wsparciem emocjonalnym, które jest kluczowe w procesie terapii. Jeżeli osoba o podejrzeniu depresji sama nie zgłosiła się do terapeuty powinniśmy zaproponować jej takie rozwiązanie, argumentując, iż specjalista posiada niezbędne umiejętności w zakresie zrozumienia i leczenia choroby. To czego nie powinniśmy robić to dobranie rozwiązania na przykładzie 10 minutowego artykułu internetowego przeczytanego w autobusie podczas drogi do pracy. W erze smartfonów i internetu coraz więcej osób podczas rozmowy udaje specjalistów w danej dziedzinie nie znając jej fundamentalnych podstaw. O ile pochwalenie się ciekawostką przy piątkowym piwie ze znajomymi nie niesie za sobą czynu społecznie szkodliwego to w przypadku leczenia depresji takie działanie może tylko zaszkodzić drugiej osobie.

Nam samym wstępie trudno przyznać się, że mamy problem i potrzebujemy rozwiązania. Ego zawsze będzie wypierać nasze niedoskonałości, dopóki nie będziemy w pełni świadomi sygnałów dochodzących z ciała i umysłu. Pełna akceptacja i zrozumienie z czym się mierzymy jest pierwszym krokiem w stronę poprawy naszego życia.

Obecnie świadomość depresji zmienia się, mówimy o niej śmielej i głośniej, przestaliśmy udawać, że problem nie istnieje i utworzyliśmy lokalne grupy wsparcia. Na portalach społecznościowych również można dołączyć do osób, które doświadczają podobnych sytuacji życiowych. Daje to nadzieję i poczucie bycia w grupie, której otoczenie wyzwoli nas z poczucia osamotnienia w obliczu problemów.

Niestety dalej w wielu mniejszych miejscowościach i wsiach w Polsce jest niska świadomość problemu oraz ograniczony dostęp do specjalistycznej opieki terapeuty. Często to tam potrzebna jest największa pomoc, ze względu iż ludzie często czują się tam osamotnieni i nie mają gdzie się zwrócić ze swoimi problemami.

Presja, wyścig szczurów...

Mężczyzna musi stawiać czoła wszystkim wyzwaniom niezależnie od ich skali oraz ilości i nie ma miejsca na ukazanie słabości. Niestety taka postawa potrafi zniszczyć nawet najsilniejsze jednostki w obliczu choroby.

Nie zamierzamy pomijać tutaj kwestii kobiet, które często w obliczu coraz to szybciej pędzącego świata muszą stawiać czoła realizacji kariery zawodowej po czym wracając do domu często pracują na drugi etat sprzątając, gotując obiady czy opiekując się dzieckiem

Czym jest depresja?

Depresja jest stanem załamania emocjonalnego, któremu towarzyszy dramatycznie spotęgowane przygnębienie. Charakteryzuje się ono ekstremalnym uczuciem smutku bądź melancholii wraz z obniżonym poziomem energii. Dodatkowo chory może odczuwać brak motywacji do wykonywania najprostszych czynności takich jak ścielenie łóżka czy zrobienie śniadania. Zadania, które do tej pory były łatwe i wykonywane automatycznie stają się trudne bądź niemożliwe do zrealizowania.

Aby uznać, że możemy mieć do czynienia z depresją powinniśmy zwrócić uwagę na okres trwania obniżonych stanów emocjonalnych. Przyjmuje się, że utrzymują się one przynajmniej od 2 tygodni bez wyraźnej poprawy nastroju.

Aktywności, hobby i pasje, które do tej pory sprawiały przyjemność przestają cieszyć a wykonywanie ich wydaje się pozbawione znaczenia. Pojawia się uczucie osamotnienia w obliczu problemu oraz wewnętrznej pustki. Osoba zaczyna stopniowo izolować się od najbliższych znajomych i ograniczać kontakty do minimum. Przestaje inicjować spotkania oraz uznaje, że woli spędzać czas samemu. Taka postawa w rezultacie powoduje tylko uczucie większej samotności i alienacji.

Ze względu na brak relacji z innymi ludźmi mózg zaczyna generować spirale pesymistycznych przekonań, które często nie mają logicznego uzasadnienia. Dzieje się tak ponieważ umysł od chwil narodzin jest w stanie ciągłej aktywności nawet gdy, nic nie robimy przetwarza ogromną ilość informacji w trybie podświadomości. Informacje te dotyczą głównie relacji z innymi ludźmi i ich poprawy. Jeżeli przez dłuższy okres nie mieliśmy okazji do rozmowy ze znajomymi lub członkami rodziny umysł zaczyna prowadzić wewnętrzny monolog. Pojawiają się różnego rodzaju przemyślenia i analizowanie, każdego możliwego następstwa danej sytuacji. Długotrwale myślenie na temat problemu bez podjęcia aktywności w kierunku jego rozwiązania skutkuje negatywnymi myślami. Dzieje się tak ponieważ umysł stale koncentruje się na problemie a nie na rozwiązaniu. W rezultacie występuje katastrofizacja i wyolbrzymienie.

Przykład: nie mam pieniędzy, bo nie mam pracy

Możliwe rozwiązanie:

Muszę zarobić pieniądze > jak mogę zarobić pieniądze? > muszę znaleźć pracę > znalezienie pracy > zarobienie pieniędzy > rozwiązanie problemu

Myślenie o problemie i brak podjęcia aktywności skutkuje spiralą negatywnych myśli, które mogą być zalążkiem stanów depresyjnych. Może nam się wydawać, że jesteśmy bierni wobec problemu jednak mózg jest zawsze w ciągłej aktywności.

Nie mam pieniędzy, bo nie mam pracy > bo jestem głupi, nie wystarczający, niegodny, bo nie mam wykształcenia i cały szereg innych negatywnych przekonań.

Negatywne przekonania zazwyczaj nie są prawdziwymi myślami, a jedynie złymi opiniami innych ludzi na nasz temat. Często mają one swoje źródło w okresie dzieciństwa, z domu rodzinnego lub szkoły. Jeżeli, rodzice stawiali nierealne oczekiwania dziecku w okresie dorastania dorosły człowiek może mieć problem z odczuwaniem satysfakcji, ze względu iż cokolwiek by nie zrobił zawsze będzie odczuwał, że nie jest wystarczająco dobry lub nie zasługuje w życiu na sukces.

W następstwie pesymistycznych myśli pojawiają się obawy dotyczące przyszłości bez szans na realna poprawę sytuacji. Taka osoba może odnosić wrażenie, że życie toczy się obok niej. Stale wybiega myślami w przyszłość, dlatego nie jest w stanie długofalowo skoncentrować się na teraźniejszości. Nawet jeżeli przez chwile jest obecna tu i teraz to podjęcie aktywności przychodzi jej bardzo trudno. Gdy już podejmie działanie nie trwa ono wystarczająco długo, ponieważ odczuwany brak poczucia sensu oraz wewnętrznej motywacji szybko prowadzi do zaprzestania czynności. Dodatkowo podjęcie działania jest bardzo wyczerpujące energetycznie, człowiek ma wrażenie, że włożył 100% swoich możliwości a rezultat często jest co najwyżej przeciętny. Zniechęca to do ponownego podjęcia aktywności, ponieważ osoba utwierdza się w przekonaniu, że cokolwiek nie zrobi i tak będzie to beznadziejne. Idąc dalej tym tokiem rozumowania, jeżeli działania takiej osoby są beznadziejne to ona sama również uważa, że jest beznadziejna dopisując sobie przy tym inne negatywne cechy. Co więcej czuje się winna swoich niepowodzeń również, gdy były one spowodowane czynnikami zewnętrznymi, na które nie miała żadnego wpływu. Może odnosić wrażenie, że jest ciężarem dla rodziny i społeczeństwa. W zaawansowanej fazie depresji chory ma wrażenie że uczucie bezradności będzie trwało wiecznie co często prowadzi do myśli oraz prób samobójczych.

Warto zaznaczyć, że człowiek, który jest w stanie depresji nie musiał doświadczyć żadnego traumatycznego przeżycia. Depresja może wystąpić bez konkretnej przyczyny u każdego niezależnie od tego jak bardzo dana jednostka ma silną psychikę. Często czynniki wywołujące chorobę mogą być tak prozaiczne jak złe warunki pogodowe (depresja sezonowa), które będące aktywatorem negatywnych myśli w konsekwencji prowadzą do stanów depresyjnych.

Czym NIE jest depresja?

Odczuwanie smutku nie musi od razu wiązać się z depresją. Chwilowy dól emocjonalny związany z utratą pracy lub zawodem miłosnym nie oznacza, że odczuwający takie emocje człowiek ma depresje. Każdemu z nas może zdarzyć się gorszy dzień w pracy lub szkole, gdzie coś nam nie wyszło pomimo szczerych intencji i włożonego wysiłku. Możemy czuć się poprzez to przygnębieni i zmartwieni. Będąc świadomi, iż zamartwianie nie poprawi w żaden sposób tego co wydarzyło się danego dnia, kategoryzujemy go po prostu jako gorszy dzień. Odczucia te zazwyczaj nie występują dłużej niż kilka dni. Długofalowo nie przyczyniają się do zaburzenia rytmu codziennego funkcjonowania.

Rodzaje Depresji:

Jednobiegunowa

Charakteryzuje się smutkiem i przygnębieniem, brakiem motywacji do wykonywania zadań, utratą zainteresowań, oraz niemożnością odczuwania przyjemności. Stan ten reguły jest stały, nie występuje w nim pobudzenie czy aktywność. Dominuje bierność i wycofanie.

Dwubiegunowa

Choroba afektywna dwubiegunowa (ChAD) [Depresyjno–Maniakalna] – Wspomniane wcześniej stany depresyjne, przeplatają się z epizodami nadmiernego pobudzenia i euforii, nieadekwatnymi do okoliczności. Występuje wzmożona aktywność, impulsywność, gonitwa myśli oraz zmniejszona potrzeba snu. Stany te mogą zmieniać się z dnia na dzień. Epizodom tym towarzyszą ryzykowne działania i przedsięwzięcia bez dokładnej analizy sytuacji. Narażają one chorego na zaburzone relacje z innymi ludźmi, uzależnienia, bankructwo i długi. Chory podczas manii może zakończyć znajomość a następnie wielokrotnie próbował odnowić zerwany kontakt. Epizody te oddziaływają więc nie tylko na chorego, ale również na jego najbliższe otoczenie – rodzinę, przyjaciół i współpracowników. Taka osoba może sprawiać kłopoty w pracy, wchodzić w konflikt z prawem, korzystać z używek i prowadzić rozwiązłe życie seksualne. Dodatkowo może zaciągać pożyczki by grać w kasynie lub brać kredyty na otwarcie ryzykownej działalności będąc przekonana, że postępuje właściwie. Stany te mogą prowadzić do bardzo poważnych konsekwencji jak utrata pracy, zakończenie związku, zadłużenie a w ich następstwie także do prób samobójczych.

Stopnie Depresji

Lekka

Lekka zwana także subdepresją, charakteryzuje się obniżonym nastrojem przez większą część dnia, bez konkretnych przyczyn. Mogą wystąpić również inne oznaki takie jak złe samopoczucie, gorszy apetyt, pogorszenie snu, zmęczenie i zniechęcenie do wykonywania zadań.

Umiarkowana

Charakteryzuje się stałym i znacznym pogorszeniem nastroju. Niemożnością do przeżywania przyjemności i emocjonalnym zobojętnieniem, zniechęceniem, wycofaniem i alienacją społeczną. Osoba w tym stanie ma trudności z funkcjonowaniem w grupach społecznych – rodzinie, wśród znajomych i w pracy.

Ciężka

Charakteryzuje się występowaniem głębokiego smutku i przygnębienia oraz niemożnością wykonywania codziennych aktywności. Występuje nieustanne uczucie cierpienia, któremu towarzyszą zazwyczaj myśli samobójcze. Wyobrażenie o przyszłości jest skrajnie pesymistyczne a chory ma wrażenie, że w życiu nie czeka go już nic dobrego. Przy objawach psychotycznych pojawiają się silne urojenia dotyczące poczucia winy oraz zahamowania ruchowe. Osoba chora może zupełnie nie mieć chęci wychodzić z łóżka, umyć zębów czy zrobić śniadania. Silne poczucie niepokoju o własny stan fizyczny

Objawy depresji

Do objawów depresji możemy zaliczyć:

- Poczucie bezradności i beznadziei.
- Mogą występować problemy z jedzeniem, snem i seksem.
- Brak motywacji, utrata zainteresowań i radości z życia.
- Pesymistyczne myśli i obniżony nastrój.
- Wycofanie emocjonalne i brak okazywania empatii.
- Chroniczne zmęczenie.
- Niska samoocena wraz z poczuciem bezwartościowości.
- Nieuzasadnione poczucie cierpienia, niepokoju i lęku.

Dynamika objawów w trakcie dnia może być różna – rano chory czuje się gorzej a pod wieczór lepiej.

Inne rodzaje depresji:

Depresja lękowa – jest rodzajem depresji, który charakteryzuje się występowaniem zarówno objawów depresyjnych, jak i lękowych. Pacjenci z depresją lękową doświadczają uczucia beznadziejności, pesymizmu, utraty zainteresowania światem zewnętrznym, ale także uczucia niepokoju, niepewności i obaw. Objawy depresji lękowej obejmują także zaburzenia snu, problemy z koncentracją, zmiany apetytu oraz zmęczenie.

Depresja lękowa jest często mylona z innymi zaburzeniami lękowymi, takimi jak zaburzenie obsesyjno-kompulsyjne (OCD) lub zaburzenie lękowe uogólnione (GAD). Jednak w przypadku depresji lękowej, objawy lęku i depresji występują jednocześnie i wzajemnie się nasilają.

Przyczyny depresji lękowej są złożone i mogą obejmować czynniki biologiczne, psychologiczne i społeczne. Wpływ na rozwój depresji lękowej może mieć genetyka, przewlekły stres, brak wsparcia społecznego, brak aktywności fizycznej, a także niektóre choroby somatyczne lub zaburzenia neurologiczne.

Depresja z zahamowaniem - rodzaj depresji, który charakteryzuje się obniżonym nastrojem, osłabieniem energii i ruchliwości, problemami z koncentracją, a także zahamowaniem emocjonalnym. Pacjenci z depresją z zahamowaniem często odczuwają trudności w podejmowaniu decyzji i reagowaniu na sytuacje. Często mają także poczucie, że wszystko wokół nich jest beznadziejne i bezsensowne. W przypadku depresji z zahamowaniem, pacjenci mogą wymagać wsparcia lekarza lub psychoterapeuty, aby pokonać poczucie apatii i zmęczenia.

Depresja mieszana - jest rodzajem depresji, który charakteryzuje się występowaniem jednocześnie objawów depresyjnych i maniakalnych. Pacjenci z depresją mieszana mogą doświadczać zarówno obniżonego nastroju, jak i pobudzenia, a także podejmować ryzykowne zachowania. Objawy depresji mieszanej obejmują zwiększony samokrytycyzm, poczucie beznadziei, problemy z koncentracją, a także trudności w podejmowaniu decyzji. Leczenie depresji mieszanej zwykle wymaga indywidualnego podejścia i często łączy farmakoterapię z psychoterapią.

Depresja psychotyczna - charakteryzuje się występowaniem halucynacji lub urojeń. Pacjenci z depresją psychotyczną mogą słyszeć głosy lub mieć przekonanie, że są winni wszystkich problemów na świecie. W przypadku depresji psychotycznej, pacjenci mogą doświadczać zaawansowanych objawów psychotycznych, takich jak omamy, urojenia, myśli samobójcze lub myśli o zabijaniu innych osób. Leczenie depresji psychotycznej wymaga zazwyczaj połączenia farmakoterapii z psychoterapią.

Zespół Cotarda - rzadki rodzaj depresji, który charakteryzuje się przekonaniem pacjenta, że jest martwy lub umierający. Pacjenci z zespołem Cotarda często tracą zainteresowanie życiem i doświadczają silnego poczucia bezwartościowości. Mogą mieć trudności z funkcjonowaniem społecznym i wykonywaniem codziennych czynności. Leczenie zespołu Cotarda zwykle polega na farmakoterapii oraz psychoterapii, w tym terapii poznawczo-behawioralnej.

Depresja rzekomo otępienna – rodzaj depresji, który występuje po okresie euforii, np. po maniakalnym epizodzie w chorobie afektywnej dwubiegunowej. Objawy depresji rzekomo otępiennej są podobne do innych rodzajów depresji, ale występują po okresie wzmożonej aktywności. Pacjenci z depresją rzekomo otępienną często odczuwają smutek, beznadzieję, utratę zainteresowania światem zewnętrznym oraz problemy z koncentracją. Leczenie depresji rzekomo otępiennej zwykle obejmuje połączenie farmakoterapii i psychoterapii.

Depresja poporodowa

Depresja poporodowa jest spowodowana kombinacją czynników biologicznych, psychologicznych i społecznych. W ciągu ciąży kobieta doświadcza ogromnych zmian hormonalnych, które mogą wpływać na jej nastrój i emocje. Po porodzie, poziomy hormonów spadają gwałtownie, co może wywołać niepokój, drażliwość i smutek.

Poza czynnikami biologicznymi, stres związany z opieką nad noworodkiem, brak snu i poczucie osamotnienia mogą również wpłynąć na pojawienie się depresji poporodowej. Kobiety, które doświadczyły depresji w przeszłości lub mają historię chorób psychicznych, są bardziej narażone na rozwinięcie depresji poporodowej.

Objawy depresji poporodowej mogą się różnić, ale zwykle obejmują smutek, lęk, łatwe poczucie zmęczenia i drażliwość. Kobiety z depresją poporodową mogą odczuwać brak zainteresowania i radości z życia, a także problemy ze snem, jedzeniem i koncentracją. Często pojawiają się myśli samobójcze.

Depresja poporodowa może prowadzić do różnych powikłań, zarówno dla matki, jak i dla dziecka. Matki, które cierpią na depresję poporodową, mogą mieć trudności z opieką nad swoim dzieckiem, co może prowadzić do nieodpowiedniego rozwoju dziecka. Mogą również mieć problemy w relacjach z partnerem, rodziną i przyjaciółmi.

Dzieci matek z depresją poporodową są bardziej narażone na problemy emocjonalne i behawioralne, takie jak nieodpowiednie odżywianie, trudności z zasypianiem, nadmierne płaczliwość, a także opóźnienia w rozwoju psychomotorycznym.

Męska depresja

Depresja to choroba psychiczna, która może dotknąć każdego, niezależnie od płci. Jednakże, męska depresja często jest ignorowana lub nie jest diagnozowana z powodu stereotypów i tabu, które utrzymują, że mężczyźni powinni być silni i nie okazywać emocji. W tym rozdziale omówimy temat męskiej depresji, włączając definicję, przyczyny, objawy, diagnozę i leczenie.

Definicja męskiej depresji

Depresja to choroba psychiczna, która wpływa na nastrój, myśli, zachowanie i funkcjonowanie codzienne. Chociaż kobiety są bardziej narażone na depresję, mężczyźni również mogą cierpieć na tę chorobę. Męska depresja może się manifestować w inny sposób niż u kobiet, ponieważ mężczyźni często ukrywają swoje emocje i nie okazują ich publicznie.

Przyczyny męskiej depresji

Problemy związane z pracą - stres związany z pracą, problemy finansowe, brak satysfakcji z wykonywanej pracy i krytyka ze strony przełożonych mogą prowadzić do depresji.

Problemy związane z relacjami - problemy w związkach, problemy w rodzinie, trudności z komunikacją i poczucie izolacji społecznej mogą prowadzić do depresji.

Problemy zdrowotne - choroby fizyczne, przewlekłe bóle, urazy i choroby przewlekłe mogą prowadzić do depresji.

Czynniki genetyczne - depresja może mieć podłoże genetyczne i być dziedziczona.

Zmiany hormonalne - zmiany hormonalne, takie jak zmiany poziomu testosteronu, mogą wpłynąć na nastrój i prowadzić do depresji.

Objawy męskiej depresji

Objawy depresji u mężczyzn mogą się różnić od objawów u kobiet. Oto niektóre z objawów męskiej depresji:

- Zmniejszone zainteresowanie życiem, przyjemnością i aktywnościami, które wcześniej sprawiały radość.
- Zmniejszone libido.
- Problemy z koncentracją, pamięcią i podejmowaniem decyzji.
- Poczucie niepokoju, niepewności i braku wartości.
- Poczucie wewnętrznego napięcia i złości.
- Zwiększona podatność na choroby fizyczne.
- Zmiany w apetycie i wadze.
- Problemy z zasypianiem lub przesypianiem.

Mózg i nastrój w kontekście depresji:

Mózg i chemia mózgu - W badaniach związanych z depresją zaobserwowano pewne różnice w funkcjonowaniu mózgu osób z depresją w porównaniu z osobami nie dotkniętymi tym zaburzeniem. Jednym z kluczowych czynników jest nierównowaga w chemii mózgu, zwłaszcza w zakresie neuroprzekaźników, takich jak serotonina, noradrenalina i dopamina. Obniżony poziom tych neuroprzekaźników może przyczyniać się do wystąpienia objawów depresji.

Hipokamp - to struktura mózgu odpowiedzialna m.in. za regulację nastroju, emocji i pamięci. W badaniach wykazano, że osoby z depresją mogą mieć mniejszy hipokamp w porównaniu z osobami bez tego zaburzenia. Istnieje także związek między stresorem a uszkodzeniem hipokampu, co może wpływać na pojawienie się objawów depresji.

Kora przedczołowa - część mózgu odpowiedzialna za funkcje wykonawcze, podejmowanie decyzji, kontrolę emocji i regulację nastroju, jest również istotna w kontekście depresji. U osób z depresją często zaobserwuje się zmniejszoną aktywność tej części mózgu. To może wpływać na trudności w koncentracji, podejmowaniu decyzji i regulowaniu emocji.

Układ limbiczny - obejmuje struktury mózgu takie jak hipokamp, ciało migdałowate i wzgórze, odgrywa istotną rolę w regulacji emocji i nastroju. Nieprawidłowości w tej części mózgu mogą prowadzić do zaburzeń nastroju, w tym depresji.

Stres i neuroplastyczność - Stres jest czynnikiem ryzyka dla wystąpienia depresji. Badania sugerują, że przewlekły stres może wpływać na zmiany strukturalne i funkcjonalne w mózgu, prowadzące do podatności na depresję. Jednak mózg posiada zdolność do neuroplastyczności, czyli zmiany swojej struktury i funkcji na skutek doświadczanych bodźców i terapii, co otwiera drogę do poprawy stanu emocjonalnego.

Obraz mózgu w depresji i stanie zdrowym

Dzięki technologii funkcjonalnego obrazowania mózgu metodą rezonansu magnetycznego (fMRI) możemy obecnie zaobserwować pewne zmiany w jego aktywności, które są charakterystyczne dla depresji i innych zaburzeń psychicznych. Niestety nie możemy jednoznacznie stwierdzić czy skan mózgu na podstawie bieżącej aktywności wykazuje objawy depresji.

Neuroprzekaźniki a depresja

Neuroprzekaźniki to substancje chemiczne, które są odpowiedzialne za przekazywanie informacji między komórkami nerwowymi. Są one ważne dla prawidłowego funkcjonowania układu nerwowego i odgrywają kluczową rolę w regulacji emocji, myśli, zachowań i funkcji organizmu.

Neuroprzekaźniki i ich główne funkcje:

1. Serotonina – odpowiedzialna za regulację nastroju, apetytu, snu i aktywności seksualnej.

2. Dopamina – odpowiedzialna za motywację, nagrody i przyjemność.

3. Adrenalina i noradrenalina – odpowiedzialne za reakcję organizmu na stres i niebezpieczeństwo.

4. GABA (kwas gamma-aminomasłowy) – odpowiedzialny za regulację aktywności neuronów i utrzymanie równowagi układu nerwowego.

5. Acetylocholina – odpowiedzialna za komunikację między neuronami w układzie nerwowym.

6. Histamina – odpowiedzialna za reakcję na stres i alergeny oraz regulację snu i nastroju.

7. Glutaminian – odpowiedzialny za przekazywanie impulsów między neuronami.

8. Oksytocyna i wazopresyna – Oksytocyna odpowiada za kontrolowanie wielu procesów, w tym laktacji, orgazmu, relacji z innymi ludźmi i emocji. Oksytocyna jest również związana z pozytywnymi emocjami, takimi jak zaufanie, lojalność i miłość.

9. Wazopresyna – odpowiada za regulację nawodnienia organizmu poprzez kontrolę wydalania moczu. Wazopresyna może również wpływać na nastrój i zachowanie, a także na odczuwanie przyjemności i nagrody.

Oksytocyna i wazopresyna odgrywają ważną rolę w regulacji emocji i zachowań, a także w utrzymaniu równowagi układu nerwowego. Niedobór tych neuroprzekaźników może prowadzić do różnych problemów zdrowotnych

10. Endorfiny – odgrywają ważną rolę w regulacji emocji, bólu i nastroju. Endorfiny są uwalniane do krwi, gdy doświadczamy przyjemności, radości, euforii lub ulgi. Są one również uwalniane podczas wysiłku fizycznego, co może prowadzić do tzw. "efektu endorfinowego", czyli uczucia radości i satysfakcji po treningu.

Endorfiny działają jak naturalne środki przeciwbólowe, zmniejszając odczuwanie bólu i zwiększający odczuwanie przyjemności. Endorfiny są również związane z regulacją nastroju i poprawą samopoczucia. Niedobór endorfin może być jednym z czynników prowadzących do rozwoju depresji. Endorfiny odgrywają ważną rolę w regulacji nastroju i odczuwaniu przyjemności, dlatego ich niedobór może prowadzić do pogorszenia nastroju i braku radości z życia.

Niedobór endorfin może być spowodowany:

- brakiem aktywności fizycznej
- brakiem bliskich relacji
- brakiem satysfakcji z pracy i realizacji marzeń

Aby zwiększyć poziom endorfin i zmniejszyć ryzyko rozwoju depresji, ważne jest, aby zadbać o zdrowy styl życia i aktywność fizyczną, nawiązywać bliskie relacje, szukać satysfakcji w pracy i realizować marzenia i cele.

Testy na Depresję

Skala depresji Becka

Skala służąca do rozpoznawania u siebie objawów stanów depresyjnych. Aby uzyskać wynik należy odpowiedzieć na 21 pytań. Możliwe są 4 warianty odpowiedzi, które są różnie oceniane. Następne warianty odpowiedzi są punktowane wzrastająco od 0 do 3 punktów. Wykonanie testu zajmuje zazwyczaj od 3 do 5 minut. Nie jest to alternatywa dla badania u psychologa, ale daje pewien pogląd na obecna sytuacje psychiczna.

Zazwyczaj przyjmuje się następującą punktację:

- 0 – 11 pkt – brak depresji
- 12 – 19 pkt – depresja łagodna
- 20 – 25 – depresja umiarkowana
- 26 i więcej – depresja ciężka

Skala depresji Hamiltona

Test wykonywany wraz z psychoterapeutą. Występuje w wariantach – 17 i 21 pytań. Odpowiedzi zawierają się w skali od 0 do 4.

Przyjmuje się następującą punktację:

- 0 – 7 pkt – brak depresji
- 8 – 12 – depresja łagodna;
- 13 – 17 – depresja umiarkowana;
- 18 – 29 – stadium ciężkie
- 30 – 52 – stadium bardzo ciężkie

— Rozdział 2 -
Dane o Depresji

Rozdział ten skupia się na omówieniu depresji na świecie, z naciskiem na różnice między krajami o wysokich i niskich poziomach dochodów. Opisane zostały także statystyki dotyczące depresji w Europie i Polsce, a także jej występowanie ze względu na wiek: u nastolatków, dorosłych i osób starszych.

W tym rozdziale chcielibyśmy przybliżyć istotne dane i statystyki o depresji w odniesieniu do regionów występowania na świecie,

Depresja na świecie

Obecnie szacuje się, że na depresję choruje około 300 – 350 mln ludzi na całym świecie. Jest to prawie 4% całej populacji. Według raportu WHO z roku 2017 najwięcej chorych jest w Indiach aż 56,6 mln, co stanowi 4,5% mieszkańców tego kraju. Na drugim miejscu znajdują się Chiny z wynikiem 54,8 mln, jest to 4,2% ich populacji. Na trzecim miejscu znajdują się Stany zjednoczone gdzie choruje 17,5 mln ludzi, jest to aż 5,9 % wszystkich obywateli tego kraju.

Kraje o wysokich poziomach dochodów

Kraje o wysokich poziomach dochodów, takie jak USA, Kanada, Japonia i kraje europejskie, często mają wyższe wskaźniki depresji niż kraje o niskich poziomach dochodów. Jednym z powodów może być fakt, że w tych krajach większy nacisk kładzie się na indywidualizm, konkurencję i sukces, co może prowadzić do większego stresu i w jego rezultacie wypalenia zawodowego.

Dużym problemem w krajach o wysokich poziomach dochodów jest fakt, że osoby tam są często nieprawidłowo diagnozowane. Ludziom nie cierpiącym na to zaburzenie są przepisywane leki przeciwlękowe i uspokajające takie jak xanax, które mogą być silnie uzależniające.

Kraje o niskich poziomach dochodów

W krajach o niskich poziomach dochodów, takich jak kraje afrykańskie i Azji Południowo–Wschodniej, depresja jest często nie doszacowana i niedoleczona ze względu na brak zasobów i wsparcia. Jednocześnie, w tych krajach depresja może być wywołana czynnikami takimi jak bieda, wojny, choroby i brak stabilności politycznej.

Z badań wynika, że ponad 75% osób w krajach o niskich i średnich dochodach nie tylko nie otrzymuje odpowiedniej opieki psychologicznej ale nie otrzymuje jej w ogóle.

Depresja w Europie

Pod względem skali choroby najgorzej jest jednak w Europie, jeśli chodzi o procentowy udział chorych. Aż 6,3% Ukraińców (2,8 mln) zmaga się z depresją, co jest najwyższym wynikiem na świecie. Pod tym względem drugie miejsce zajmuje Estonia z wynikiem 5,9% (750 tys.), trzecie 5,7% Grecja (593 tys.) i Portugalia (578 tys.), Białoruś 5,6% (511 tys.), Mołdawia 5,4% (207 tys.), Hiszpania 5,2% (2,4 mln) i Polska 5,1% (1,8 mln). Więcej niż co dwudziesty Europejczyk doświadcza depresji i ten wynik Stary Kontynent stawia w najtrudniejszej sytuacji na świecie.

Depresja w Europie jest powszechna, szczególnie w krajach, gdzie obserwuje się większą ilość chorób cywilizacyjnych i gdzie społeczeństwo jest bardziej zindywidualizowane. Istnieją różne dane dotyczące częstości występowania depresji w Europie w 2020 roku. Według danych Eurostatu, około 16% osób dorosłych w Europie cierpi na depresję. Inne badania sugerują, że w 2020 roku około 16,5 miliona osób w Europie cierpiało na depresję.

Depresja w Polsce

Według danych z 2020 roku, około 2,5 miliona osób w Polsce cierpi na depresję. W sumie około 6% mieszkańców naszego kraju

Samobójstwa na skutek depresji

Samobójstwa są częstą konsekwencją depresji, szczególnie w przypadku osób, które nie otrzymują odpowiedniej pomocy. W niektórych krajach, takich jak Rosja i Chiny, wskaźnik samobójstw jest znacznie wyższy niż w innych częściach świata.

Według Światowej Organizacji Zdrowia (WHO), około 800 000 osób popełnia samobójstwo co roku, a depresja jest jednym z głównych czynników ryzyka.

W USA w 2019 roku odnotowano 44 834 samobójstwa, co stanowi wzrost o 2,1% w porównaniu z rokiem poprzednim. Z tych samobójstw 70% stanowili mężczyźni, a depresja była jednym z najczęstszych czynników ryzyka samobójstwa.

W Polsce w 2020 roku zgłoszono 10 620 samobójstw, co oznacza wzrost o 4,4% w porównaniu z rokiem poprzednim. Według badań, depresja była jednym z najczęstszych czynników ryzyka samobójstwa w Polsce.

Depresja a wiek

Depresja ma wpływ na różne grupy wiekowe. U nastolatków i młodych dorosłych może prowadzić do problemów z zachowaniem, uzależnień i innych zaburzeń psychicznych. W wieku średnim depresja może wynikać z problemów rodzinnych, takich jak rozwód lub problemy z dziećmi. W przypadku osób starszych, depresja może być wynikiem izolacji społecznej i problemów zdrowotnych.

Depresja u nastolatków

Według danych z 2020 roku, około 3,5% nastolatków w Polsce cierpi na depresję. Może ona wynikać z wielu czynników, takich jak stres związany z nauką, relacjami z rówieśnikami, zmianami zachodzącymi w organizmie podczas dojrzewania lub trudnymi doświadczeniami życiowymi. Nastolatkowie mogą mieć trudności w rozpoznaniu objawów depresji, ponieważ mogą one być mylone z objawami typowymi dla okresu dojrzewania. Dlatego ważne jest, aby rodzice i opiekunowie regularnie monitorowali ich stan emocjonalny oraz szukali pomocy u specjalisty, jeśli zauważą objawy depresji.

Kryzys ćwierćwiecza

Kryzys ćwierćwiecza dopada ludzi około 25 roku życia zazwyczaj zaraz po ukończonych studiach, którzy idą do swojej pierwszej poważnej pracy. Zderzenie z wyidealizowaną wizją zawodu oraz realiami na rynku pracy mogą spowodować uczucie przygnębienia. Osoba taka może mieć wrażenie, że zawód, który wybrała jest zupełnie nie dla niej, pomimo iż początkowo zakładała, że z wybraną specjalizacją chce wiązać swoją karierę. Z tego powodu może doświadczać lęków i negatywnych myśli związanych z poczuciem niepewności o przyszłość. Jednocześnie zdaje sobie sprawę, że jest już dorosła i musi zacząć sama się utrzymać. Dodatkowo mogą pojawiać się myśli, że czas poświęcony na naukę można było wykorzystać lepiej. Poczucie straconego czasu może zdemotywować osobę do dalszych działań. Jednocześnie wizja kilkunastu lat pracy w zawodzie, którego nie chce się wykonywać może wywołać stany depresyjne i przyczynić się do szybkiego wypalenia.

Depresja u dorosłych

Depresja jest częstym zaburzeniem emocjonalnym u dorosłych. Może ona wynikać z czynników, takich jak stres związany z pracą, relacjami z bliskimi, chorobami fizycznymi lub doświadczeniami życiowymi.

Kryzys wieku średniego

Kryzys wieku średniego to okres życia między 40 a 60 rokiem życia, który może wiązać się z różnymi zmianami i wyzwaniami. Może to być czas stagnacji, niezadowolenia z życia lub nagłych zwrotów, które wymagają ponownego rozważenia swojego dotychczasowego stylu życia. Objawy kryzysu mogą obejmować poczucie braku celu, niezadowolenie z wyborów życiowych lub szukanie ucieczki w niezdrowych zachowaniach. Jednocześnie, kryzys może być czasem refleksji i podejmowania decyzji dotyczących przyszłości, takich jak skupienie się na relacjach z rodziną lub poszukiwanie nowych możliwości w pracy lub nauce. To naturalna faza rozwoju, ale nie każdy ją doświadcza, a dla wielu osób może to być czas pozytywnych zmian i wzrostu.

Depresja u osób starszych

Depresja jest częstym zaburzeniem emocjonalnym u osób starszych i seniorów. Może ona wynikać z wielu czynników, takich jak samotność, utrata bliskich osób, choroby fizyczne lub zmiany związane z wiekiem. Osoby starsze i seniorzy mogą mieć trudności w rozpoznaniu objawów depresji, ponieważ mogą one być mylone z objawami chorób fizycznych. Dlatego ważne jest, aby bliscy i opiekunowie regularnie monitorowali stan emocjonalny osób starszych i seniorów i szukali pomocy u specjalisty, jeśli zauważą objawy depresji. Ważne jest, aby leczenie było dostosowane do indywidualnych potrzeb pacjenta i wspierane przez bliskie osoby.

Wpływ religijności na depresje

Nie ma jednoznacznej odpowiedzi na pytanie o wpływ religijności na depresję. Niektóre badania sugerują, że osoby o wysokim poziomie religijności mogą mieć mniejsze ryzyko zachorowania na depresję, ponieważ wierzenia religijne mogą działać jako czynnik wsparcia i pomocy w radzeniu sobie z trudnościami życiowymi. Inne badania jednak wskazują, że religijność może mieć negatywny wpływ na depresję, szczególnie jeśli osoba wierząca jest zmuszana do trzymania się określonych norm religijnych, które mogą prowadzić do poczucia winy i pogorszenia stanu emocjonalnego. Warto pamiętać, że każdy przypadek jest inny i wpływ religijności na depresję może być różny w zależności od indywidualnych czynników.

Depresja i choroby współistniejące

Istnieje związek między chorobami współistniejącymi takimi jak np cukrzyca a depresją. Osoby chorujące na cukrzycę są bardziej narażone na wystąpienie depresji niż osoby zdrowe. Z drugiej strony, osoby zmagające się z depresją są bardziej podatne na rozwój cukrzycy. Dzieje się tak dlatego, że obie choroby mogą wpływać na układ nerwowy i hormonalny, co może prowadzić do zaburzeń w metabolizmie glukozy. Ważne jest, aby osoby chorujące na cukrzycę monitorowały swoje zdrowie psychiczne i szukały pomocy, jeśli zaczynają odczuwać objawy depresji. W ten sposób można zapobiec pogorszeniu się stanu zdrowia i ułatwić leczenie obu chorób.

Warunki mieszkalne a depresja

Warunki mieszkalne mogą wpływać na ryzyko wystąpienia depresji. Osoby mieszkające w zatłoczonych, hałaśliwych lub niebezpiecznych dzielnicach mogą być bardziej narażone na stres i lęk, co może prowadzić do depresji. Z kolei osoby mieszkające w czystym, bezpiecznym otoczeniu mogą czuć się bardziej zrelaksowane i szczęśliwe, co może zmniejszać ryzyko wystąpienia depresji. Jednak należy pamiętać, że depresja jest złożoną chorobą, która może mieć wiele przyczyn i czynników ryzyka. Dlatego nie można generalizować i twierdzić, że określone warunki mieszkalne prowadzą do depresji u wszystkich osób.

— Rozdział 3 -
Terapia – leczenie depresji

Rozdział ten jest poświęcony różnorodnym podejściom terapeutycznym wykorzystywanym w leczeniu depresji. W pierwszej części omówiona zostanie terapia psychodynamiczna, która skupia się na badaniu głębokich, nieświadomych procesów emocjonalnych, które mogą wpływać na nasze zachowanie i relacje z innymi ludźmi. Celem terapii psychodynamicznej jest zrozumienie i rozwiązanie tych procesów, aby osiągnąć lepsze funkcjonowanie emocjonalne.

Kolejną metodą, która zostanie omówiona, jest terapia poznawczo-behawioralna. Skupia się ona na badaniu myśli i przekonań, które prowadzą do negatywnych emocji i zachowań. W terapii poznawczo-behawioralnej pacjent uczy się identyfikować i zmieniać negatywne myśli i zachowania, aby poprawić swoje samopoczucie i relacje z innymi ludźmi.

Następnie omówiona zostanie farmakoterapia polegająca na stosowaniu leków przeciwdepresyjnych, które pomagają w regulacji poziomu neuroprzekaźników w mózgu, takich jak serotonina i noradrenalina, które mogą wpływać na nastrój i emocje.

Na koniec opisana zostanie rola terapii elektrowstrząsami, jej działanie oraz potencjalne skutki uboczne

Terapia psychodynamiczna

Terapia psychodynamiczna może być stosowana w leczeniu depresji, choć nie jest tak powszechnie stosowana jak inne formy leczenia, takie jak terapia poznawczo–behawioralna (CBT) lub leczenie farmakologiczne. Terapia psychodynamiczna skupia się na umożliwieniu pacjentowi zrozumienia swoich nieświadomych myśli i emocji oraz ich wpływu na obecne zachowanie i relacje. W ramach terapii psychodynamicznej pacjent ma okazję wyrazić swoje myśli i uczucia w bezpiecznym i akceptującym środowisku, co może pomóc mu zrozumieć swoje pragnienia i motywacje oraz ich wpływ na obecne zachowanie. Terapeuta może pomóc pacjentowi zidentyfikować i przepracować blokady emocjonalne lub traumy z przeszłości, które mogą mieć wpływ na obecne trudności.

Terapia psychodynamiczna może być stosowana w połączeniu z innymi formami leczenia, takimi jak leczenie farmakologiczne lub terapia poznawczo-behawioralna, w zależności od indywidualnych potrzeb pacjenta.

Jest to rodzaj terapii, która opiera się na teorii, że nasze emocje, myśli i zachowania są powiązane z naszymi nieświadomymi motywami i pragnieniami. Terapia ta skupia się na umożliwieniu pacjentowi zrozumienia swoich nieświadomych myśli i emocji oraz ich wpływu na obecne zachowanie irelacje.

W ramach terapii psychodynamicznej pacjent ma okazję wyrazić swoje myśli i uczucia w bezpiecznym i akceptującym środowisku, co może pomóc mu zrozumieć swoje pragnienia i motywacje oraz ich wpływ na obecne zachowanie. Terapeuta może pomóc pacjentowi zidentyfikować i przepracować blokady emocjonalne lub traumy z przeszłości, które mogą mieć wpływ na obecne trudności.

Terapia psychodynamiczna może być stosowana w leczeniu różnych zaburzeń emocjonalnych i behawioralnych, w tym depresji, lęku, fobii społecznej i zaburzeń odżywiania. Może być prowadzona indywidualnie lub w grupie i trwać od kilku tygodni do kilku miesięcy, w zależności od indywidualnych potrzeb pacjenta.

Terapia – Poznawczo Behawioralna (CBT)

Terapia poznawczo–behawioralna (CBT) jest jednym z najczęściej stosowanych i skutecznych sposobów leczenia depresji. CBT skupia się na zmianie myśli i zachowań, które mogą prowadzić do utrzymywania się w stanie depresji. Terapia ta polega na pracy z terapeutą w celu zidentyfikowania i zmiany negatywnych przekonań, które mogą prowadzić do depresji oraz na nauce umiejętności radzenia sobie z trudnymi emocjami i sytuacjami. Terapeuta może również pomóc pacjentowi nauczyć się umiejętności radzenia sobie ze stresem i trudnymi emocjami oraz stosować pozytywne strategie zaradcze w trudnych sytuacjach.

Terapia poznawczo–behawioralna jest prowadzona indywidualnie lub w grupie i może trwać od kilku tygodni do kilku miesięcy, w zależności od indywidualnych potrzeb pacjenta. Może być stosowana w połączeniu z innymi formami leczenia, takimi terapia farmakologiczna.

CBT może być skuteczna w leczeniu różnych rodzajów depresji, w tym depresji sezonowej, depresji po porodzie i depresji poudarowej. Może być również pomocna w leczeniu innych zaburzeń emocjonalnych i behawioralnych, takich jak lęk, fobia społeczna i zaburzenia odżywiania.

Farmakoterapia

Farmakoterapia to leczenie zaburzeń emocjonalnych i behawioralnych za pomocą leków. Leki stosowane w leczeniu depresji to głównie leki z grupy inhibitorów zwrotnego wychwytu serotoniny (SSRI), takie jak fluoksetyna, sertralina i paroksetyna. Inne leki stosowane w leczeniu depresji to leki z grupy inhibitorów zwrotnego wychwytu noradrenaliny (SNRI) oraz trójpierścieniowe leki przeciwdepresyjne. Leki przeciwdepresyjne działają poprzez zwiększenie ilości neurotransmiterów, takich jak serotonina i noradrenalina, w mózgu. Może to pomóc złagodzić objawy depresji, takie jak brak energii, brak zainteresowania i trudności w radzeniu sobie ze stresem.

Regulacja poziomu neuroprzekaźników

Regulacja poziomów neuroprzekazników może być jednym z elementów leczenia depresji. Niektóre leki przeciwdepresyjne działają poprzez modulację poziomów neuroprzekaźników w mózgu, takich jak serotonina, noradrenalina i dopamina.

SSRI – inhibitory wychwytu zwrotnego serotoniny

Serotonina jest neuroprzekaźnikiem, który odgrywa ważną rolę w regulacji nastroju i emocji. Niski poziom serotoniny może być związany z depresją. Leki przeciwdepresyjne z grupy selektywnych inhibitorów wychwytu zwrotnego serotoniny (SSRI) działają poprzez zwiększenie poziomu serotoniny w mózgu.

NRI – inhibitory wychwytu zwrotnego noradrenaliny

Noradrenalina to neuroprzekaźnik, który odgrywa ważną rolę w regulacji uwagi, motywacji i reakcji na stres. Niski poziom noradrenaliny może być związany z depresją. Leki przeciwdepresyjne z grupy inhibitorów wychwytu zwrotnego noradrenaliny (NRI) działają poprzez zwiększenie poziomu noradrenaliny w mózgu.

NDRI – inhibitory wychwytu zwrotnego dopaminy

Dopamina to neuroprzekaźnik odpowiedzialny za regulację nastroju, motywacji i zachowań. Niski poziom dopaminy może być związany z depresją. Leki przeciwdepresyjne z grupy inhibitorów wychwytu zwrotnego dopaminy (NDRI) działają poprzez zwiększenie poziomu dopaminy w mózgu.

Należy jednak pamiętać, że leczenie depresji jest złożonym procesem i oprócz leków, często stosuje się również terapię, która pomaga pacjentowi lepiej radzić sobie z trudnymi emocjami i sytuacjami życiowymi. Leki przeciwdepresyjne mogą mieć skutki uboczne, takie jak zaburzenia snu, zawroty głowy, zaburzenia apetytu i drażliwość. Ważne jest, aby skonsultować się z lekarzem lub psychiatrą przed rozpoczęciem leczenia farmakologicznego i ściśle przestrzegać zaleceń lekarskich dotyczących dawkowania i stosowania leków. Leczenie dobierane jest indywidualnie dla każdego pacjenta i może obejmować różne formy terapii oraz inne leki, takie jak leki przeciwlękowe czy stabilizatory nastroju.

Terapia elektrowstrząsami

Terapia elektrowstrząsami, znana również jako elektrowstrząsy (ECT, ang. electroconvulsive therapy) to metoda medyczna, która jest stosowana w leczeniu ciężkich zaburzeń psychicznych, takich jak ciężka depresja, psychozy lub mania. Metoda ta polega na podaniu impulsów elektrycznych do mózgu, które mają na celu wywołanie krótkotrwałego drgawek mięśniowych, a co za tym idzie, krótkotrwałej utraty przytomności. Choć terapia elektrowstrząsami jest stosunkowo kontrowersyjna i budzi wiele emocji, to jest jednym z najskuteczniejszych sposobów leczenia ciężkich zaburzeń psychicznych, zwłaszcza u pacjentów, u których inne metody terapeutyczne nie przyniosły efektów.

Historia terapii elektrowstrząsami

Terapia elektrowstrząsami została wprowadzona po raz pierwszy w latach 30. XX wieku przez włoskiego psychiatrę Ugo Cerlettiego. Pomysłodawcą tej metody był Włoch Lucio Bini, który zainspirował się obserwacjami krótkotrwałych utrat przytomności u zwierząt po zastosowaniu prądu elektrycznego. W początkowych latach terapia elektrowstrząsami wywoływała wiele kontrowersji, ale z czasem zyskała na popularności, zwłaszcza w leczeniu ciężkiej depresji.

Jak działa terapia elektrowstrząsami?

Podczas terapii elektrowstrząsami pacjent jest podłączony do specjalnego aparatu, który generuje impulsy elektryczne o niskiej częstotliwości. Prąd jest przeprowadzany przez elektrody umieszczone na głowie pacjenta, a impulsy są podawane w krótkich seriach, trwających zwykle około jednej sekundy. Cały zabieg trwa kilka minut, a pacjent jest pod stałą kontrolą personelu medycznego.

Działanie terapii elektrowstrząsami polega na wywołaniu krótkotrwałych drgawek mięśniowych, które wpływają na pracę mózgu. Dokładny mechanizm działania terapii elektrowstrząsami nie jest do końca poznany, ale uważa się, że impulsy elektryczne powodują uwalnianie neuroprzekaźników, takich jak serotonina i noradrenalina, które wpływają na nastrój i samopoczucie pacjenta.

Skutki uboczne terapii elektrowstrząsami

Terapia elektrowstrząsami jest stosunkowo bezpieczna, ale może powodować skutki uboczne, zwłaszcza po pierwszych kilku zabiegach. Najczęstszymi skutkami ubocznymi są bóle głowy, bóle mięśniowe i nudności. Mogą również wystąpić problemy z pamięcią, zwłaszcza z pamięcią krótkotrwałą, co może utrudnić codzienne funkcjonowanie pacjenta. Skutki uboczne te są zazwyczaj krótkotrwałe i ustępują samoistnie po kilku dniach.

W przypadku poważniejszych skutków ubocznych, takich jak krwawienia podpajęczynówkowe, zawał serca lub udar mózgu, należy natychmiast przerwać terapię elektrowstrząsami. Takie powikłania są jednak bardzo rzadkie i zdarzają się tylko w nielicznych przypadkach.

Zastosowanie terapii elektrowstrząsami

Terapia elektrowstrząsami jest stosowana w leczeniu ciężkich zaburzeń psychicznych, zwłaszcza u pacjentów, którzy nie reagują na leki przeciwdepresyjne i inne metody terapeutyczne. W przypadku ciężkiej depresji, terapia elektrowstrząsami jest jednym z najskuteczniejszych sposobów leczenia, osiągając skuteczność nawet w 80% przypadków. Jest również stosowana w leczeniu innych zaburzeń psychicznych, takich jak psychozy, mania czy schizofrenia.

W przypadku depresji, terapia elektrowstrząsami jest stosowana zwłaszcza u pacjentów z ciężkimi objawami, takimi jak samobójcze myśli, brak łaknienia i zaburzenia snu. Terapia ta jest również skuteczna u pacjentów, u których inne metody leczenia, takie jak leki przeciwdepresyjne, nie przyniosły efektów.

Podsumowanie

Terapia elektrowstrząsami jest skutecznym sposobem leczenia ciężkich zaburzeń psychicznych, zwłaszcza w przypadku depresji. Choć jest to metoda kontrowersyjna i budzi wiele emocji, to została szeroko zaakceptowana w środowisku medycznym jako skuteczne narzędzie terapeutyczne. Chociaż może powodować skutki uboczne, są one zazwyczaj łagodne i krótkotrwałe. W przypadku pacjentów, którzy nie reagują na inne metody leczenia, terapia elektrowstrząsami może być skutecznym sposobem na powrót do zdrowia i poprawę jakości życia.

— Rozdział 4 -
Terapia z udziałem zwierząt

Rozdział ten jest poświęcony terapii z udziałem zwierząt. Jest to rodzaj terapii, w której korzysta się z pomocy zwierząt jako narzędzie w leczeniu różnych zaburzeń emocjonalnych i behawioralnych. W terapii tej udział biorą różne rodzaje zwierząt, takich jak psy, konie, koty i ptaki, w zależności od indywidualnych potrzeb pacjenta i celów terapii.

Terapia z wykorzystaniem zwierząt może być skuteczna w leczeniu depresji poprzez zwiększenie poziomu endorfin i serotoniny, które są odpowiedzialne za dobre samopoczucie, oraz poprzez redukcję stresu i lęku. Zwierzęta mogą również pomóc w budowaniu pozytywnych relacji i zwiększeniu poczucia własnej wartości.

Terapia z wykorzystaniem zwierząt może być stosowana w połączeniu z innymi formami leczenia, takimi jak terapia poznawczo–behawioralna (CBT) lub leczenie farmakologiczne.

Dogoterapia

Dogoterapia, także zwana terapią z udziałem psów, to rodzaj terapii z wykorzystaniem zwierząt, w której psy są wykorzystywane jako narzędzie w leczeniu różnych zaburzeń emocjonalnych i behawioralnych. Dogoterapia może być skuteczna w leczeniu depresji poprzez zwiększenie poziomu endorfin i serotoniny, które są odpowiedzialne za dobre samopoczucie, oraz poprzez redukcję stresu i lęku. Psy mogą również pomóc w budowaniu pozytywnych relacji i zwiększeniu poczucia własnej wartości.

Hipoterapia

Hipoterapia, także zwana terapią z udziałem koni, to rodzaj terapii, w której konie są wykorzystywane jako narzędzie w leczeniu różnych zaburzeń emocjonalnych i behawioralnych.

W hipoterapii pacjent jest prowadzony na koniu przez terapeutę lub wolontariusza. Ruch konia może pomóc pacjentowi w poprawie równowagi, koordynacji i kontroli nad ciałem, a także w zwiększeniu poczucia własnej wartości i poprawie nastroju.

Hipoterapia może być skuteczna w leczeniu:

- zaburzeń ruchu,
- zaburzeń zachowania,
- zaburzeń emocjonalnych.

Alpakoterapia

Alpakoterapia to rodzaj terapii, w której alpaki są wykorzystywane jako narzędzie w leczeniu różnych zaburzeń emocjonalnych i behawioralnych. Alpaki są spokojnymi i cierpliwymi zwierzętami, co czyni je odpowiednimi do pracy z dziećmi i osobami z różnymi potrzebami.

W alpakoterapii pacjent może mieć okazję do opieki nad alpakami, co może pomóc w zwiększeniu poczucia odpowiedzialności i samodzielności, a także w zmniejszeniu stresu i lęku. Alpaki mogą również pomóc w budowaniu pozytywnych relacji i zwiększeniu poczucia własnej wartości.

— Rozdział 5 -
Alternatywne formy leczenia

Rozdział ten jest poświęcony zadaniom wspierającym proces leczenia depresji. Wiele osób z depresją korzysta z terapii farmakologicznych, jednak coraz więcej pacjentów szuka alternatywnych form terapii, które mogą uzupełniać leczenie w sposób tradycyjny.

W tym rozdziale przedstawione zostaną różne metody leczenia depresji, które wykorzystują techniki radzenia sobie ze stresem oraz ćwiczenia koncentracji i uważności. Są to między innymi pochodzące ze wschodu metody pracy z ciałem i umysłem takie jak joga i medytacja. Techniki relaksacyjne skupiające się na ćwiczeniach oddechowych – metoda 4–7–8, oddychanie brzuszne, oddychanie wibracyjne. Poruszona zostanie również rola światłoterapii, która świetnie sprawdzi się podczas okresu niskiego nasłonecznienia.

Na koniec, omówiona zostanie hortiterapia jako alternatywna metoda leczenia depresji. Hortiterapia jest rodzajem terapii opartej na ogrodnictwie, w której pacjent zajmuje się pracą w ogrodzie lub w terapii z roślinami, aby poprawić swoje samopoczucie i relacje z innymi. Hortiterapia może pomóc w zmniejszeniu stresu i poprawie nastroju poprzez działanie terapeutyczne, które daje poczucie spełnienia i satysfakcji.

Zasady przydatne podczas leczenia depresji:

1. Zwróć się o pomoc: Nie wahaj się zwrócić do profesjonalisty, takiego jak terapeuta lub psychiatra. Szukanie pomocy jest oznaką siły, a terapeuta może pomóc Ci zrozumieć i zarządzać swoimi emocjami.

2. Nie izoluj się: Staraj się nie izolować i utrzymywać kontakt z rodziną i przyjaciółmi. Możesz również dołączyć do grupy wsparcia lub znaleźć społeczność online, gdzie będziesz mógł/a podzielić się swoimi doświadczeniami.

3. Wypracuj zdrowe nawyki: Dbaj o zdrową dietę, regularną aktywność fizyczną i odpowiedni sen. Te elementy mają duże znaczenie dla ogólnego samopoczucia i zdrowia psychicznego.

4. Znajdź wsparcie emocjonalne: Wyszukaj osoby, które Cię rozumieją i są gotowe wysłuchać. Może to być bliska osoba, grupa wsparcia lub terapeuta. Podzielenie się swoimi uczuciami i przeżyciami z kimś, kto Cię wspiera, może być ogromnie pomocne.

5. Utrzymuj realistyczne oczekiwania: Bądź łagodny wobec siebie i nie oczekuj natychmiastowych zmian. Proces zdrowienia wymaga czasu, a droga do wyzdrowienia może być falista. Bądź cierpliwy/a i wytrwały/a.

6. Szukaj radości w małych rzeczach: Naucz się doceniać małe radości i chwile pozytywne, nawet jeśli wydają się błahe. Skupienie się na drobnych przyjemnościach może pomóc podnieść nastrój i poprawić perspektywę.

7. Praktykuj samoakceptację i samo-empatię: Przyjmij do siebie, że Twoje uczucia są ważne i zasługujesz na wsparcie. Zamiast krytykować siebie za swoje emocje, naucz się praktykować samo-akceptację i samo-empatię.

Pamiętaj, że każdy ma inne doświadczenia i co działa dla jednej osoby, niekoniecznie zadziała dla drugiej. Jeśli jesteś w depresji, ważne jest, aby skonsultować się z profesjonalistą, który może dostosować odpowiednie strategie i terapię do Twoich indywidualnych potrzeb.

Istnieje wiele aktywności i zadań, które mogą wspierać proces leczenia depresji i poprawić samopoczucie.

Oto kilka przykładów:

1. Uprawianie sportu i aktywności fizycznej: aktywność fizyczna może pomóc w zwiększeniu poziomu endorfin i poprawie samopoczucia.

2. Spędzanie czasu na świeżym powietrzu: przebywanie na świeżym powietrzu i na świetle słonecznym może pomóc w poprawie nastroju.

3. Dbanie o siebie: dbanie o swoje zdrowie fizyczne i emocjonalne, takie jak regularne jedzenie zdrowych posiłków i wystarczającej ilości snu, może pomóc w poprawie samopoczucia.

4. Nawiązywanie i utrzymywanie pozytywnych relacji: nawiązywanie i utrzymywanie pozytywnych relacji z rodziną, przyjaciółmi i innymi osobami może pomóc w zmniejszeniu uczucia samotności i poprawie nastroju.

5. Angażowanie się w aktywności, które sprawiają przyjemność: uprawianie hobby lub angażowanie się w aktywności, które sprawiają przyjemność, może pomóc w zwiększeniu poziomu satysfakcji zżycia.

6. Stosowanie technik relaksacyjnych jak medytacja lub joga

Yoga

Joga może być skutecznym narzędziem w leczeniu depresji i innych zaburzeń emocjonalnych. Praktyka jogi może pomóc w poprawie nastroju, redukcji stresu i poprawie ogólnego samopoczucia. Może również pomóc w poprawie funkcjonowania umysłu i ciała, co jest ważne w leczeniu depresji.

Joga składa się z różnych elementów, takich jak ćwiczenia oddechowe, pozycje jogi (asany), medytacja i relaksacja. Wszystkie te elementy mogą pomóc w poprawie nastroju i zmniejszeniu stresu. Ćwiczenia oddechowe, takie jak pranayama, mogą pomóc w regulacji oddechu i uspokojeniu umysłu, co może pomóc w radzeniu sobie z negatywnymi emocjami i poprawie nastroju. Pozycje jogi (asany) mogą pomóc w poprawie równowagi i równowagi ciała, co może pomóc w poprawie samopoczucia i redukcji stresu. Medytacja i relaksacja mogą pomóc w uspokojeniu umysłu i poprawie jakości snu, co może być ważne w leczeniu depresji.

Jednak joga nie jest panaceum i nie zastąpi leczenia farmakologicznego lub terapii dla osób cierpiących na ciężką depresję.

Medytacja

Medytacja może być skutecznym narzędziem w leczeniu depresji i innych zaburzeń emocjonalnych. Polega na skupieniu uwagi na chwili obecnej i osiągnięciu stanu głębokiego spokoju i odprężenia. Może to pomóc w uspokojeniu umysłu i redukcji stresu, co może być ważne w leczeniu depresji. Praktyka medytacji może opierać się o skupienie się na oddechu, mantrze, obrazie lub dźwięku. Można medytować siedząc, leżąc lub stojąc. Można medytować samodzielnie lub z grupą ludzi. Ważne jest, aby znaleźć formę, która najlepiej na Ciebie działa.

Medytacja może pomóc w poprawie nastroju i samopoczucia oraz zwiększeniu odporności na stres. Może również poprawić jakość snu i zwiększyć uwagę i koncentrację. Niektóre badania sugerują, że medytacja może mieć korzystny wpływ na układ nerwowy i mózg, co może mieć korzystny wpływ na leczenie depresji. Medytacja nie jest cudownym rozwiązaniem i nie może zastąpić leczenia farmakologicznego lub terapii dla osób, które cierpią na poważne przypadki depresji.

Medytacja z wykorzystaniem dudnień różnicowych

Medytacja z wykorzystaniem dźwięków dudniących lub binauralnych to jedna z form medytacji, w której używa się dźwięków o różnych częstotliwościach słuchanych w obu uszach. Celem tego rodzaju medytacji jest osiągnięcie stanu głębokiego odprężenia i spokoju poprzez skupienie uwagi na dźwiękach.

Dźwięki dudniące lub binauralne są zwykle odtwarzane przez słuchawki lub głośniki i mogą być wytwarzane przez różne urządzenia, takie jak specjalne aplikacje lub płyty CD. Częstotliwości dźwięków są tak dobierane, aby wywoływać określone reakcje w mózgu, takie jak relaksacja lub pobudzenie.

Podział fali dźwiękowych i ich wpływ na umysł:

Fala alfa – oznacza zakres częstotliwości między około 7 a 12 Hz. jest często używana do opisania stanu umysłu, w którym osoba jest w stanie głębokiego relaksu, spokoju i koncentracji.

Fala beta – oznacza zakres częstotliwości między około 12 a 33 Hz. Muzyka w tym zakresie może być stymulująca i pobudzająca, a często jest wykorzystywana do ćwiczeń fizycznych lub innych działań wymagających wysiłku.

Fala gamma – oznacza zakres częstotliwości powyżej 30 Hz. Muzyka w tym zakresie może mieć bardzo stymulujący wpływ na mózg, a często jest wykorzystywana w medytacji, jogi i innych praktykach duchowych.

Fala delta – oznacza zakres częstotliwości poniżej 4 Hz. Muzyka w tym zakresie jest często wykorzystywana do indukowania stanów relaksacji, snu i medytacji, ponieważ jest ona związana z falami mózgowymi występującymi podczas snu głębokiego i regeneracyjnego.

Medytacja z wykorzystaniem dźwięków dudniących lub binauralnych może być skutecznym narzędziem w leczeniu stresu, lęku i depresji oraz poprawie jakości snu. Może również pomóc w zwiększeniu uwagi i koncentracji oraz poprawie funkcjonowania mózgu. Niektóre badania sugerują, że medytacja z wykorzystaniem dźwięków dudniących lub binauralnych może mieć korzystny wpływ na układ nerwowy i mózg, co może mieć pozytywny wpływ na leczenie depresji.

Ćwiczenia oddechowe

Ćwiczenia oddechowe mogą być skutecznym narzędziem w leczeniu depresji i innych zaburzeń emocjonalnych. Oddech jest silnym narzędziem, które może wpływać na nasze emocje i samopoczucie. Poprzez kontrolowanie oddechu możemy wpływać na nasze ciało i umysł, co może pomóc w radzeniu sobie z negatywnymi emocjami i poprawie nastroju.

Metoda 4–7–8

Jednym z najprostszych i najskuteczniejszych ćwiczeń oddechowych jest tzw. oddech 4–7–8. Polega on na wzięciu głębokiego wdechu przez nos trwającego około 4 sekund, zatrzymaniu go w płucach na 7 sekund, a następnie wypuszczeniu go przez usta przez 8 sekund. Ćwiczenie należy powtórzyć 3–4 razy. Metoda ta może pomóc w uspokojeniu umysłu i ciała, a także zmniejszyć napięcie i stres.

Oddychanie brzuszne

Oddychanie brzuszne to technika oddechowa, w której skupiasz się na głębokim i kontrolowanym oddychaniu, aby uspokoić umysł i ciało. Ta technika oddechowa jest często stosowana do redukcji stresu, poprawy jakości snu, zmniejszenia napięcia mięśni i zwiększenia ogólnej relaksacji.

Jak wykonać oddychanie brzuszne:

1. Usiądź wygodnie lub połóż się na plecach z wyprostowanymi nogami i rozluźnionymi ramionami.

2. Umieść jedną rękę na brzuchu, a drugą na klatce piersiowej.

3. Wdychaj powietrze nosem, skupiając się na rozszerzaniu brzucha podczas wdechu. Poczuj, jak powietrze wypełnia dolną część płuc, a ręka na brzuchu unosi się.

4. Zatrzymaj oddech na chwilę.

5. Powoli wydychaj powietrze ustami, skupiając się na kurczeniu brzucha podczas wydechu. Poczuj, jak powietrze opuszcza płuca, a ręka na brzuchu opada.

6. Powtarzaj przez kilka minut, skupiając się na spokojnym, regularnym oddechu i relaksując mięśnie ciała.

Oddychanie brzuszne może pomóc w redukcji napięcia mięśni, zmniejszeniu lęku i stresu oraz poprawie jakości snu. Możesz wykonywać tę technikę oddechową w dowolnym miejscu i czasie, kiedy czujesz się zestresowany lub napięty.

Oddech wibracyjny

Oddech wibracyjny to technika oddechowa, w której skupiasz się na wydawaniu dźwięków podczas wydechu, aby wytworzyć wibracje w ciele i uspokoić umysł. Ta technika oddechowa jest często stosowana do redukcji stresu, poprawy samopoczucia i zmniejszenia napięcia mięśni.

Jak wykonać oddech wibracyjny:

1. Usiądź wygodnie lub połóż się na plecach z wyprostowanymi nogami i rozluźnionymi ramionami.

2. Zamknij usta i wdychaj powietrze nosem.

3. Następnie, wydychając powietrze przez nos lub usta, wydaj dźwięk "hum" lub "mmm".

4. Skup się na wibracjach w klatce piersiowej i gardle. Poczuj, jak dźwięk wywołuje wibracje w ciele.

5. Powtarzaj przez kilka minut, skupiając się na spokojnym, regularnym oddechu i relaksując mięśnie ciała.

Oddech wibracyjny może pomóc w redukcji napięcia mięśni, zmniejszeniu lęku i stresu oraz poprawie samopoczucia. Możesz wykonywać tę technikę oddechową w dowolnym miejscu i czasie, kiedy czujesz się zestresowany lub napięty. Jednak, ważne jest, aby nie wykonywać tej techniki z nadmiernym napięciem w gardle lub przy zbyt dużym wysiłku.

Techniki relaksacyjne

Trening relaksacyjny jest wykorzystywany w terapii zaburzeń nerwicowych i schorzeń psychosomatycznych, określanych mianem chorób współczesnej cywilizacji, wynikających m.in. z pośpiechu, natłoku pracy, czy sytuacji frustrujących. Ćwiczenia relaksująco–koncentrujące pomagają zmniejszyć lub zwalczać nadpobudliwość psychoruchową i emocjonalną, ułatwiają wypoczynek, uspokojenie, podnoszą sprawność psychiczną, samokontrolę, jak również wpływają na postanowienia i decyzje.

Trening relaksacyjny pozwala na uzyskanie lepszej kontroli nad konsekwencjami somatycznymi, takimi jak np.

* bóle głowy,
* kołatanie serca,
* problemy z jelitami.

Aby ćwiczenia przyniosły spodziewane efekty, należy stworzyć optymalne warunki do ich wykonania – ciche, przyjazne i bezpieczne pomieszczenie, niski stopień bodźców zewnętrznych. Relaksacja przyczynia się do zapobiegania wystąpieniu objawów somatycznych, pozwalając zarazem dostosować funkcje narządowe do obecnej sytuacji. Aby osiągnąć stan wyciszenia, spokoju i bezpieczeństwa, zwłaszcza w momencie, gdy pacjent odczuwa napięcie i lęk, niezbędne jest stworzenie odpowiedniej atmosfery. W celu wykonania ćwiczeń należy odizolować pacjenta od hałasu i światła, a także umożliwić mu pozycję pozwalającą na odprężenie mięśni i przyjemne poczucie bezpieczeństwa, zapewniające optymalny stopień komfortu.

Można wyróżnić dwa typy technik relaksacji, które są najbardziej popularne: trening Jacobsona, zwany także relaksacją progresywną oraz trening autogenny Schultza.

Trening Jacobsona

Trening Jacobsona polega na rozluźnianiu mięśni poprzez wywoływanie w nich maksymalnego napięcia, rozciąganie i wykonywanie kilku elementów gimnastycznych.

Trening autogenny Schultza

Trening autogenny Schultza ma na celu nauczenie pacjenta jak przyjmować określone postawy, takie jak bierność, koncentrację oraz uzyskanie kontroli nad własnym organizmem. Jest podobny do wewnętrznej medytacji i jest łatwy w opanowaniu oraz wpływa pozytywnie na skutki stresu, chroniąc przed negatywnymi sytuacjami. Uczy także jak radzić sobie ze stresującymi sytuacjami, dzięki czemu możemy zminimalizować ich wpływ na nasz organizm. Jest to bezpieczna i skuteczna metoda, która pozwala łagodzić stany napięcia.

Każdy człowiek może ćwiczyć w pojedynkę, gdyż te techniki wykorzystują autosugestię. Natomiast medytacja to trening umysłu, który zawiera elementy relaksacji, skupienia oraz świadomości. Pozwala nam budować bardziej harmonijne życie i lepiej zrozumieć siebie oraz świat, a także minimalizuje stres oraz przynosi szczęście. Aby zdobyć wprawę w tej umiejętności potrzebna jest odpowiednia praktyka, na przykład kilka razy w tygodniu. Z czasem możemy osiągać coraz lepsze i skuteczniejsze wyniki.

Światłoterapia

Światłoterapia to rodzaj terapii polegającej na naświetlaniu pacjenta światłem o wysokiej intensywności przez pewien okres czasu. Światłoterapia jest często stosowana w leczeniu depresji sezonowej (tzw. zimowej) i innych zaburzeń nastroju, takich jak zaburzenia afektywne dwubiegunowe. Światłoterapia polega na naświetlaniu pacjenta lampą o wysokiej intensywności przez określony czas, zazwyczaj rano lub wczesnym popołudniem. Światłoterapia może pomóc poprawić nastrój poprzez wpływ na produkcję serotoniny, neurotransmitera odpowiedzialnego za regulację nastroju. Światłoterapia jest uważana za bezpieczną i skuteczną metodę leczenia depresji i innych zaburzeń nastroju, choć niektórzy pacjenci mogą doświadczać niepożądanych skutków ubocznych, takich jak bóle głowy i zaczerwienienie oczu. Światłoterapia powinna być stosowana pod kontrolą lekarza lub specjalisty.

W jaki sposób światło może nam pomóc?

Światło może mieć pozytywny wpływ na nastrój i może być stosowane jako metoda leczenia depresji zimowej lub sezonowej, zwanej również depresją sezonową. Terapia światłem polega na naświetlaniu osoby specjalnym lampami, które emitują intensywne, ale bezpieczne dla oczu, światło. Terapia ta może poprawić nastrój i pomóc w radzeniu sobie z objawami depresji sezonowej. Terapia światłem jest metodą leczenia depresji, w której pacjent siedzi lub leży pod specjalnym źródłem światła przez określony czas codziennie. Światło jest ważnym czynnikiem, który może wpływać na nastrój i samopoczucie. Brak dostatecznej ilości światła słonecznego może prowadzić do zaburzeń nastroju.

Terapia dźwiękiem

Terapia dźwiękiem, zwana również terapią muzyką lub terapią falami dźwiękowymi, to forma terapii, która wykorzystuje dźwięki i muzykę do leczenia różnych problemów zdrowotnych, w tym depresji. Może to obejmować słuchanie określonych rodzajów muzyki, grę na instrumentach muzycznych lub wykorzystywanie specjalnego sprzętu do generowania fal dźwiękowych o określonej częstotliwości.

Niektóre z metod terapi dźwiękiem obejmują:

Słuchanie muzyki – może pomóc w relaksacji i zmniejszeniu stresu, co może być korzystne w przypadku depresji. Może to obejmować słuchanie muzyki klasycznej, relaksacyjnej lub innego rodzaju muzyki, która pomaga się zrelaksować.

Grę na instrumentach muzycznych – może pomóc w redukcji stresu i niepokoju oraz poprawić nastrój. Może to być szczególnie skuteczne, jeśli osoba gra na instrumentach regularnie.

Terapię falami dźwiękowymi – polega na wytwarzaniu określonych fal dźwiękowych o określonej częstotliwości za pomocą specjalnego sprzętu.

Fale dźwiękowe mogą mieć korzystny wpływ na mózg i nastrój oraz pomóc w leczeniu depresji. Należy pamiętać, że terapia dźwiękiem może być skuteczna w połączeniu z innymi formami leczenia, takimi jak leki i terapia behawioralna, ale nie jest uważana za główny sposób leczenia depresji.

Detox dopaminowy

Detoks dopaminowy to termin, który może być używany w różny sposób. Niektórzy ludzie używają go, aby opisać proces usuwania z organizmu substancji, które mogą wpływać na poziom dopaminy w mózgu, takich jak narkotyki i leki. Inni używają tego terminu, aby opisać proces zmiany nawyków żywieniowych lub innych nawyków, które mogą mieć wpływ na poziom dopaminy w mózgu.

Jednak detoks dopaminowy nie jest powszechnie stosowanym sposobem leczenia depresji. Nie ma też jednoznacznych dowodów na skuteczność takiego detoksu w leczeniu tego schorzenia. Dopamina jest neuroprzekaźnikiem, który ma wpływ na wiele różnych aspektów naszego zachowania i samopoczucia, w tym na nastrój, motywację i zaangażowanie.

Solarium a depresja

Solarium może być używane jako forma leczenia depresji lub innych zaburzeń nastroju, ale nie jest to zalecana metoda przez większość lekarzy i specjalistów. Może ono pomóc w poprawie nastroju poprzez dostarczenie organizmowi sztucznego, ale naturalnie wyglądającego światła. Wiedza ta opiera się na badaniach, które wskazują, że światło słoneczne lub sztuczne światło o odpowiedniej intensywności może poprawić nastrój i zmniejszyć objawy depresji. Solarium może być używane jako sposób leczenia depresji lub jako środek poprawiający nastrój w przypadku sezonowego zaburzenia afektywnego (SAD), czyli zaburzenia nastroju, które pojawia się zwykle zimą i jest związane ze zmniejszeniem ilości naturalnego światła słonecznego.

Ekspozycja na sztuczne światło słoneczne emitowane przez solarium może pomóc poprawić nastrój i zmniejszyć objawy depresji u osób z SAD. Jednak solarium nie jest skuteczne w leczeniu depresji u wszystkich osób.

SAD – Sezonowe zaburzenie afektywne

Sezonowe zaburzenie afektywne (SAD, ang. seasonal affective disorder) to rodzaj zaburzenia nastroju, które występuje zwykle zimą, gdy dni są krótsze i mniej słoneczne.

Objawy SAD mogą obejmować:

- Brak energii i zmęczenie
- Trudności z koncentracją
- Brak apetytu lub nadmierne objadanie się
- Depresje lub obniżony nastrój
- Zmniejszenie libido
- Brak chęci do wychodzenia z domu

Solarium może pomóc w poprawie nastroju poprzez wytwarzanie witaminy D, która jest ważna dla dobrego samopoczucia i zdrowia psychicznego. Jednak używanie solarium nie jest zalecane jako sposób na poprawę nastroju, ponieważ istnieje wiele negatywnych skutków zdrowotnych związanych z opalaniem się w solarium.

Niektóre osoby mogą odczuwać chwilową poprawę nastroju po korzystaniu z solarium, ponieważ promieniowanie UV może prowadzić do wytwarzania witaminy D i endorfin w organizmie. Jednak ekspozycja na sztuczne światło UV z solarium niesie ze sobą ryzyko uszkodzenia skóry i zwiększa ryzyko raka skóry oraz innych chorób. Dlatego też używanie solarium jako sposobu na poprawę nastroju nie jest zalecane.

Aby zwiększyć ilość dostępnego światła, można:

1.   Przebywać na świeżym powietrzu przez co najmniej kilka godzin dziennie, szczególnie w godzinach porannych.

2.   Zwiększyć ilość naturalnego światła w miejscu pracy lub mieszkania, poprzez otwieranie okien lub zwiększenie liczby lamp.

3.   Stosować lampy solaryjne lub lampy zimowe, które emitują sztuczne światło o wysokiej jasności, aby zwiększyć ilość światła w ciągu dnia.

4.   Spróbować terapii światłem, która polega na siedzeniu przy specjalnej lampie o wysokiej jasności przez kilka godzin dziennie.

Aromaterapia

Aromaterapia to technika terapeutyczna, która wykorzystuje olejki eteryczne z roślin, aby poprawić zdrowie fizyczne i psychiczne. Ta terapia opiera się na założeniu, że zapachy mogą wpływać na nasze emocje, nastrój i stan umysłu, a także na stan naszego zdrowia fizycznego.

Olejki eteryczne są wyciągane z kwiatów, liści, korzeni, drzew i innych części roślin. Mają one skoncentrowane właściwości lecznicze i aromatyczne, które mogą pomóc w łagodzeniu objawów różnych chorób i poprawie samopoczucia.

Aromaterapia może być stosowana poprzez:

Inhalację – olejki eteryczne mogą być dodane do kominka aromaterapeutycznego, dyfuzora, płatków aromatycznych lub gorącej wody, aby uwalniać ich zapachy i olejki eteryczne do powietrza, co pozwala na ich wdychanie.

Masaż – olejki eteryczne mogą być dodawane do oleju nośnika, takiego jak olej jojoba lub migdałowy, i używane podczas masażu, aby poprawić krążenie krwi i zmniejszyć napięcie mięśni.

Kąpiel – olejki eteryczne mogą być dodawane do gorącej kąpieli, aby poprawić relaksację, zmniejszyć stres i poprawić samopoczucie.

Kompresy – olejki eteryczne mogą być dodawane do ciepłej wody i używane do kompresów, które pomagają w łagodzeniu bólu i stanów zapalnych.

Inhalatory – olejki eteryczne mogą być używane w inhalatorach do łagodzenia objawów chorób układu oddechowego, takich jak przeziębienia, grypa i alergie.

Aromaterapia może pomóc w łagodzeniu objawów różnych chorób, takich jak ból głowy, problemy z trawieniem, stany lękowe i depresja. Jednak przed rozpoczęciem jakiejkolwiek terapii aromatycznej ważne jest, aby skonsultować się z lekarzem lub specjalistą, ponieważ niektóre olejki eteryczne mogą mieć skutki uboczne i oddziaływać z innymi lekami.

Sauna a depresja

Sauna może mieć pozytywny wpływ na nastrój i może być pomocna w leczeniu depresji. Ciepło i wilgoć panujące w saunie mogą pomóc w rozluźnieniu mięśni i zrelaksowaniu ciała, co może prowadzić do poprawy nastroju. Sauna może również pomóc w zmniejszeniu stresu i napięcia emocjonalnego. Korzystanie z sauny może mieć pewne korzyści dla zdrowia, takie jak poprawa ukrwienia i uelastycznienie tkanek, a także relaks i odprężenie.

Podczas korzystania z sauny organizm uwalnia hormony stresu, takie jak kortyzol i adrenalina. Hormony te są uwalniane w odpowiedzi na stres, a ich celem jest pomoc w mobilizacji organizmu do działania i radzenia sobie z sytuacjami stresowymi.

Podczas korzystania z sauny organizm również uwalnia endorfiny, hormony szczęścia, które mogą mieć pozytywny wpływ na nastrój. Endorfiny są uwalniane podczas aktywności fizycznej, a także podczas doświadczania przyjemnych wrażeń, takich jak masaż czy sauna.

Wskazówki dotyczące korzystania z sauny:

1. Przed wejściem do sauny należy dokładnie umyć się i osuszyć.

2. Należy wziąć pod uwagę własne samopoczucie i kondycję fizyczną przed wejściem do sauny. Jeśli jesteś chory lub masz jakiekolwiek dolegliwości, lepiej odpuścić korzystanie zsauny.

3. Należy pamiętać o piciu dużych ilości wody przed i po saunowaniu, aby zapobiec odwodnieniu.

4. Podczas korzystania z sauny należy nosić ręcznik lub specjalne szlafroki saunowe, aby zapobiec poparzeniom skóry.

5.	Podczas saunowania należy zachować ostrożność i nie przesadzać z ilością czasu spędzonego w saunie. Zaleca się, aby początkowo spędzać w saunie krótki czas (np. 5–10 minut) i stopniowo wydłużać go, aby organizm mógł się przyzwyczaić do wysokiej temperatury.

6. Po wyjściu z sauny należy zawsze umyć się i osuszyć dokładnie.

Jednak należy pamiętać, że korzystanie z sauny nie jest dla wszystkich i może być niebezpieczne dla nie których osób.

Osoby, które powinny unikać sauny, to m.in.:

- Osoby cierpiące na choroby serca lub nadciśnienie tętnicze
- Osoby cierpiące na choroby skóry lub alergie
- Osoby cierpiące na choroby układu moczowego
- Osoby cierpiące na cukrzycę lub choroby tarczycy
- Osoby, które są w ciąży lub karmią piersią

Gorące Kąpiele

Gorące kąpiele mogą mieć korzystny wpływ na układ nerwowy. Kąpiel w ciepłej wodzie może pomóc zmniejszyć napięcie i stres, a także poprawić ukrwienie skóry i mięśni. Może to prowadzić do poprawy samopoczucia i nastroju. Jednak nie należy stosować gorących kąpieli jako głównego sposobu leczenia schorzeń układu nerwowego, takich jak depresja czy inne zaburzenia psychiczne. Depresja jest złożonym schorzeniem, które może wymagać specjalistycznego leczenia, takiego jak leki antydepresyjne lub psychoterapia.

Wpływ morsowania na leczenie depresji

Morsowanie, czyli kąpiele w zimnej wodzie, mogą mieć korzystne skutki dla zdrowia, takie jak poprawa ukrwienia skóry i mięśni, a także poprawa odporności organizmu. Niektórzy ludzie twierdzą, że morsowanie może mieć pozytywny wpływ na ich nastrój i samopoczucie. Jednak nie ma jednoznacznych dowodów na to, że morsowanie jest skutecznym sposobem leczenia depresji. Morsowanie może być ryzykowne dla niektórych osób, w szczególności dla osób z pewnymi schorzeniami, takimi jak choroby serca czy niedociśnienie. Dlatego ważne jest, aby skonsultować się z lekarzem lub specjalistą przed rozpoczęciem morsowania lub innych form aktywności fizycznej, jeśli masz jakiekolwiek obawy dotyczące swojego zdrowia.

Sport a zdrowie psychiczne

Uprawianie sportu może mieć pozytywny wpływ na zdrowie psychiczne. Regularna aktywność fizyczna może pomóc w poprawie nastroju, zmniejszeniu stresu i lęku, a także wzmocnieniu poczucia własnej wartości i poprawie samooceny.

Badania wskazują, że aktywność fizyczna może być skutecznym uzupełnieniem leczenia zaburzeń psychicznych, takich jak depresja i zaburzenia lękowe. Może również pomóc w zapobieganiu rozwojowi tych zaburzeń.

Regularna aktywność fizyczna może pomóc w produkcji endorfin, hormonów szczęścia, co może mieć pozytywny wpływ na nastrój.

Może również pomóc w zapobieganiu rozwojowi depresji lub zmniejszyć ryzyko jej nawrotów.

Ważne jest jednak, aby dostosować rodzaj i intensywność aktywności fizycznej do swoich możliwości i kondycji. Zaleca się, aby uprawiać sport co najmniej 2,5 godziny w tygodniu lub 30 minut dziennie, 5 dni w tygodniu.

Najlepszy sport na depresje?

Nie ma jednoznacznej odpowiedzi na pytanie, który sport jest najlepszy na depresję. Ważne jest, aby uprawiać taki sport, który sprawia przyjemność i motywuje do kontynuowania aktywności. Warto spróbować różnych rodzajów sportów i znaleźć taki, który najlepiej pasuje do indywidualnych preferencji i możliwości.

Możliwe opcje to m.in.:

- Bieganie
- Jazda na rowerze
- Pływanie
- Joga
- Siłownia
- Taniec
- Narciarstwo
- Uprawianie sportów zespołowych

Czy sportowcy mają depresje?

Sportowcy, tak jak inni ludzie, mogą doświadczać depresji. Niektóre czynniki, takie jak silny stres związany z uprawianiem sportu, konieczność ciągłego dostosowywania się do wymogów i oczekiwań oraz brak równowagi między życiem sportowym a prywatnym, mogą zwiększać ryzyko wystąpienia depresji u sportowców.

Hortiterapia

Hortiterapia to holistyczna forma terapii, w której wykorzystuje się zioła, trawy, a także inne rośliny, aby wspomóc leczenie. Jest to stosunkowo nowa metoda lecznicza, która zyskuje coraz większą popularność. Hortiterapia ma swoje korzenie w starożytnych kulturach, w których wierzono, że rośliny mają lecznicze właściwości, a ich wykorzystanie może pomóc w leczeniu chorób fizycznych i psychicznych.

To, co odróżnia hortiterapię od innych rodzajów terapii, to to, że wykorzystuje ona rośliny w celu leczenia. Wykorzystywane są zarówno zioła, jak i trawy, a także inne rośliny, które są uważane za lecznicze. W zależności od rodzaju rośliny, hortiterapia może być stosowana na różne sposoby. Czasem rośliny są przygotowywane w postaci herbaty, którą pacjent musi wypić; czasem są one wykorzystywane do inhalacji lub masażu. Rośliny, które są wykorzystywane w tej terapii, mają różne właściwości lecznicze. Niektóre z nich są używane do łagodzenia stanów zapalnych, inne do łagodzenia bólu i innych dolegliwości. Inne mogą pomóc w zmniejszeniu uczucia zmęczenia, stresu i bezsenności.

Hortiterapia może być stosowana jako środek wspomagający w leczeniu chorób, takich jak astma, alergie, choroby serca, czy depresja. Także w celu poprawy ogólnego samopoczucia, jako środek wspomagający walkę z napięciem i stresującymi sytuacjami.

Hortiterapia jest skuteczna, ponieważ pozwala na swobodny obieg energii w organizmie. W wyniku tego procesu, organizm może zacząć lepiej funkcjonować, a następnie zacznie się regenerować. Może to mieć pozytywny wpływ na emocje, samopoczucie i ogólne zdrowie. Jedną z jej głównych zalet jest to, że jest ona dostępna dla wszystkich. Jest to łatwe i bezpieczne leczenie, które można wykonać samodzielnie w domu. Nie wymaga ona specjalistycznej wiedzy ani sprzętu, dlatego jest dostępna dla wszystkich. Hortiterapia jest skuteczną, zdrową i bezpieczną metodą leczenia różnych dolegliwości.

Hortiterapia może być stosowana w połączeniu z innymi formami terapii, takimi jak terapia zajęciowa, medytacja lub joga. Może być także skutecznie wykorzystywana w leczeniu zaburzeń psychicznych, takich jak lęk, depresja i zaburzenia obsesyjno-kompulsywne. Wykorzystywanie takiej terapii do leczenia zaburzeń psychicznych jest często oparte na technikach relaksacyjnych. Przebywanie wśród roślin może pomóc w rozluźnieniu mięśni i poprawie nastroju, co w konsekwencji może wpływać na poprawę samopoczucia. Rośliny mogą pomóc w zmniejszeniu stresu, lęku i zmęczenia oraz w łagodzeniu objawów chorobowych, takich jak kaszel i duszności.

W hortiterapii stosuje się również prace ogrodnicze, takie jak sadzenie, podlewanie oraz przycinanie, aby poprawić koordynację ruchową, zwiększyć elastyczność, poprawić pamięć i koncentrację.

Przykłady roślin wykorzystywanych w hortiterapii

Rumianek – wykorzystywany w leczeniu stanów zapalnych skóry, stanów lękowych, problemów z trawieniem i bólu menstruacyjnego.

Lawenda – stosowana w leczeniu bezsenności, lęku, bólu głowy, bólu mięśni, a także w aromaterapii.

Pokrzywa – wykorzystywana w leczeniu stanów zapalnych skóry, reumatyzmu, chorób nerek i dróg moczowych.

Miłorząb japoński – stosowany w leczeniu problemów z krążeniem, miażdżycy, chorób serca, cukrzycy i alergii

Dziurawiec – wykorzystywany w leczeniu depresji, stanów lękowych, bezsenności, a także problemów z trawieniem i stanów zapalnych skóry.

Aloes – stosowany w leczeniu oparzeń, stanów zapalnych skóry, chorób układu pokarmowego i cukrzycy.

Echinacea – wykorzystywana w leczeniu infekcji, chorób układu oddechowego, chorób autoimmunologicznych i problemów z układem odpornościowym.

Rośliny zdrowotne wykorzystywane w są w celach terapeutycznych i ziołolecznictwie. Jednak, przed rozpoczęciem stosowania jakiejkolwiek rośliny w celach leczniczych, ważne jest, aby skonsultować się z lekarzem lub specjalistą, ponieważ niektóre rośliny mogą mieć skutki uboczne.

— Rozdział 6 -
Social media i pornografia

Rozdział ten jest poświęcony mediom społecznościowym i uzależnieniu od pornografii oraz ich wpływowi na rozwój depresji i relacje międzyludzkie.

W pierwszej części omówiony został wpływ uzależnienia od pornografii na rozwój depresji, ze szczególnym uwzględnieniem roli internetu w łatwym dostępie do materiałów pornograficznych. Opisano także mechanizmy psychologiczne, które mogą prowadzić do rozwoju depresji u osób uzależnionych od pornografii oraz niespełnione fantazje i ich wpływ na rozwój depresji. Sposoby, jak fantazje te wpływają na nasze myśli, zachowania i samopoczucie, a także jakie mogą być konsekwencje dla naszego zdrowia psychicznego.

Następnie zostanie omówiony wpływ social mediów na depresję, ze szczególnym uwzględnieniem mechanizmów psychologicznych, które mogą prowadzić do rozwoju depresji u osób korzystających z tych platform. Opisane będą także sposoby, w jakie social media mogą wpłynąć na nasze relacje międzyludzkie oraz czynniki, które sprawiają, że korzystanie z tych platform jest uzależniające.

W kolejnej części przedstawiono sposoby, w jakie można się uwolnić od mediów społecznościowych oraz jakie mogą być ich pozytywne aspekty. Opisano także zachowania osób uzależnionych od Internetu oraz FOMO – czyli strach przed brakiem udziału w ważnych wydarzeniach, które odbywają się w sieci.

Na końcu wymieniono kliniczne objawy uzależnienia od social media i internetu.

Uzależnienie od pornografii

Uzależnienie od pornografii może prowadzić do obniżenia poczucia własnej wartości, poczucia winy i wstydu, a także do trudności w nawiązywaniu i utrzymywaniu bliskich relacji z płcią przeciwną i innymi ludźmi. Wszystko to może prowadzić do rozwoju depresji.

Osoby mocno uzależnione od pornografii są bardziej narażone na wystąpienie zaburzeń psychicznych, takich jak lęk i depresja. Uzależnienie może prowadzić do postrzegania innych osób wyłącznie jako przedmiot spełnienia fantazji seksualnych co w rezultacie doprowadza do problemów w kontaktach międzyludzkich a w ich następstwie izolacji społecznej. Niespełnienie seksualne może powodować brak satysfakcji z życia w wyniku czego mogą występować stany depresyjne.

Niespełnione fantazje Seksualne

Niespełnione fantazje seksualne mogą być źródłem frustracji i niezadowolenia, jeśli nie są zgodne z naszymi wartościami i przekonaniami lub jeśli nie możemy ich zrealizować w rzeczywistości. W takim przypadku mogą one prowadzić do niepokoju i lęku oraz negatywnie wpływać na jakość naszego życia seksualnego i relacji z płcią przeciwną.

Jeśli niespełnione fantazje seksualne stają się dla Ciebie problemem i utrudniają Ci normalne funkcjonowanie, warto rozważyć skorzystanie z pomocy specjalisty, takiego jak terapeuta seksuologiczny lub seksuolog. Terapia może pomóc Ci lepiej zrozumieć swoje pragnienia seksualne i nauczyć Cię radzenia sobie z nimi w sposób zdrowy i akceptowalny dla Ciebie. Może też pomóc Ci poprawić jakość Twojego życia seksualnego i relacji z partnerem.

Social media a depresja

Nadmierne korzystanie z mediów społecznościowych może mieć negatywny wpływ na zdrowie psychiczne, w tym również na depresję. Badania wskazują, że osoby, które spędzają dużo czasu na korzystaniu z mediów społecznościowych, mogą mieć większe ryzyko rozwoju depresji.

Powodem takiego stanu rzeczy może być m.in.:

- Porównywanie się do innych osób na podstawie ich wizerunków prezentowanych w mediach społecznościowych, co może prowadzić do poczucia niższej wartości i braku akceptacji siebie
- Nadmierna ekspozycja na negatywne informacje i komentarze, co może prowadzić do pogorszenia nastroju i lęku
- Brak równowagi między korzystaniem z mediów społecznościowych a innymi aktywnościami, co może prowadzić do izolacji i braku kontaktu z rzeczywistością

Wpływ social media na relacje międzyludzkie

Korzystanie z mediów społecznościowych może mieć zarówno pozytywny, jak i negatywny. wpływ na relacje międzyludzkie,

Z jednej strony, media społecznościowe mogą umożliwiać łatwiejsze utrzymywanie kontaktu z przyjaciółmi i rodziną, nawet jeśli są daleko. Mogą również pomagać w nawiązywaniu nowych znajomości i tworzeniu społeczności z ludźmi o podobnych zainteresowaniach.

Z drugiej strony, nadmierne korzystanie z mediów społecznościowych może prowadzić do poczucia izolacji, braku akceptacji, a także do porównywania się z innymi i odczuwania zazdrości, co może negatywnie wpływać na relacje międzyludzkie. Może również prowadzić do braku kontaktu z innymi ludźmi i zaniku umiejętności interpersonalnych.

Dlaczego social media uzależniają?

Korzystanie z mediów społecznościowych może prowadzić do uzależnienia, ponieważ platformy te są zaprojektowane w taki sposób, aby przyciągać i utrzymywać uwagę użytkowników. Wiele platform mediów społecznościowych wykorzystuje mechanizmy nagradzania, takie jak polubienia, komentarze lub udostępnienia, aby zwiększyć zaangażowanie użytkowników.

Nadmierne korzystanie z mediów społecznościowych może prowadzić do zaburzenia równowagi między życiem online a offline i do braku równowagi między innymi aktywnościami a korzystaniem z mediów społecznościowych. Może również prowadzić do braku kontroli nad swoim zachowaniem i do uzależnienia od odczuwania nagrody za korzystanie z platformy.

Social media mogą być uzależniające, ponieważ dostarczają nam ciągłego strumienia nowych informacji i interakcji z innymi ludźmi. Nasze mózgi są zaprojektowane tak, aby reagować na bodźce zewnętrzne i szukać nagrody, co oznacza, że możemy być skłonni do spędzania większej ilości czasu w social mediach, gdy otrzymujemy pozytywne reakcje, takie jak lajki, komentarze i udostępnienia naszych postów.

Social media również mogą być uzależniające, ponieważ są dostępne 24/7 i możemy łatwo połączyć się z nimi za pomocą naszych telefonów komórkowych. To oznacza, że możemy być skłonni do sprawdzania ich nawet wtedy, gdy nie powinniśmy czyli podczas pracy lub podczas jazdy samochodem.

Aby zminimalizować ryzyko uzależnienia od social mediów, ważne jest, aby ustanowić granice dotyczące tego, ile czasu spędzamy na nich i aby znaleźć inne zajęcia, które mogą dać nam takie same lub lepsze korzyści. Może to obejmować uprawianie sportu, czytanie książek, spędzanie czasu z rodziną i przyjaciółmi lub po prostu odpoczynek i relaksowanie się.

Jak się uwolnić od mediów społecznościowych?

Jeśli czujesz, że media społecznościowe są dla ciebie uzależniające i chciałbyś się od nich uwolnić, istnieje kilka kroków, które możesz podjąć:

1. Określ swoje cele:

Zastanów się, dlaczego chcesz ograniczyć korzystanie z mediów społecznościowych. Czy chodzi o więcej wolnego czasu, mniejszy stres czy lepszą koncentrację? Określenie celów może pomóc Ci skupić się na tym, co jest dla Ciebie ważne i ułatwić ograniczenie korzystania z mediów społecznościowych.

2. Ustaw granice czasowe:

Określ, ile czasu chcesz poświęcić na korzystanie z mediów społecznościowych każdego dnia lub tygodnia. Możesz użyć aplikacji do monitorowania swojego czasu spędzanego na social mediach lub po prostu ustawić sobie przypomnienia, aby zakończyć korzystanie z nich o określonej godzinie.

3. Wypisz się z niektórych platform:

Możesz rozważyć całkowite wypisanie się z niektórych platform lub ograniczenie korzystania z nich do niezbędnego minimum.

4. Odłącz powiadomienia:

Powiadomienia mogą być irytujące i rozpraszające. Możesz je wyłączyć lub skonfigurować tak, aby otrzymywać tylko te, które są dla Ciebie ważne.

5. Znajdź inne sposoby na spędzanie wolnego czasu:

Spróbuj znaleźć inne sposoby na spędzanie wolnego czasu, takie jak czytanie książek, uprawianie sportu, spędzanie czasu z rodziną lub znajomymi, itp. Może to pomóc Ci zmniejszyć czas spędzany na social media.

Jak zachowuje się osoba uzależniona od Internetu?

1. Spędza dużo czasu online:

Osoba uzależniona od Internetu może spędzać dużo czasu online, nawet jeśli to koliduje z innymi obowiązkami lub zainteresowaniami.

2. Trudności z koncentracją:

Osoba uzależniona od Internetu może mieć trudności z koncentracją na innych zadaniach lub zajęciach, ponieważ jej myśli ciągle krążą wokół tego, co dzieje się w Internecie.

3. Izolacja społeczna:

Osoba uzależniona od Internetu może tracić zainteresowanie kontaktami z innymi ludźmi lub unikać ich, ponieważ spędza dużo czasu online.

4. Niepokój lub lęk, gdy nie ma dostępu do Internetu:

Osoba uzależniona od Internetu może odczuwać niepokój lub lęk, gdy nie ma dostępu do Internetu lub gdy jest odłączana od sieci.

5. Zaniedbywanie obowiązków:

Osoba uzależniona od Internetu może zaniedbywać swoje obowiązki lub nie wywiązywać się z nich w wymaganym terminie, ponieważ zbyt dużo czasu poświęca na korzystanie z Internetu.

6. Problemy zdrowotne:

Osoba uzależniona od Internetu może mieć problemy zdrowotne, takie jak bóle głowy, problemy ze snem lub nadwagę, spowodowane długotrwałym siedzeniem przed komputerem lub smartfonem.

Jakie są pozytywne aspekty mediów społecznościowych?

1. Ułatwiony kontakt z rodziną i przyjaciółmi:

Media społecznościowych umożliwiają komunikowanie się z innymi ludźmi, nawet jeśli są daleko od nas.

2. Pomagają w znajdowaniu i dołączaniu do grup o podobnych zainteresowaniach:

Na platformach społecznościowych można znaleźć grupy i fora poświęcone różnym tematom, co pozwala nam na poznawanie nowych ludzi o podobnych zainteresowaniach i dołączanie do nich.

3. Są źródłem informacji:

Media społecznościowe mogą być źródłem różnego rodzaju informacji, od wiadomości po ciekawostki.

4. Pomagają w promowaniu własnej działalności lub marki:

Platformy społecznościowe umożliwiają nam promowanie naszej działalności lub marki poprzez publikowanie treści ireklam.

5. Są dobrym sposobem na zabicie czasu:

Media społecznościowe mogą być dobrym sposobem na spędzenie wolnego czasu, szczególnie gdy jesteśmy znudzeni lub samotni.

FOMO (fear of missingout)

FOMO, czyli fear of missing out, to strach przed tym, że coś przegapimy lub że inni ludzie będą mieli lepsze doświadczenia niż my. Może to prowadzić do presji, aby nieustannie być online i sprawdzać, co dzieje się w social media, aby upewnić się, że nic ważnego nas nie ominęło.

FOMO może prowadzić do stresu i frustracji, ponieważ możemy mieć poczucie, że inni ludzie są bardziej aktywni i szczęśliwsi niż my, co może prowadzić do porównywania się z nimi. Może też prowadzić do wycofania się z rzeczywistości i skupienia się na tym, co dzieje się online.

Aby zarządzać FOMO, warto ustalić granice czasowe dla korzystania z mediów społecznościowych i uważać, aby nie poświęcać zbyt dużo czasu na porównywanie się z innymi ludźmi. Może też pomóc znalezienie innych sposobów na spędzanie wolnego czasu, takich jak czytanie książek, uprawianie sportu lub spędzanie czasu z rodziną i przyjaciółmi.

Kliniczne objawy depresji w przypadku korzystania z mediów społecznościowych:

- Obniżony nastrój lub brak radości z rzeczy, które kiedyś sprawiały przyjemność.
- Zmiany w apetycie i wadze – zarówno nadmierne, jak i brak apetytu.
- Trudności z zasypianiem lub nadmierne zmęczenie.
- Brak energii lub brak siły do podjęcia codziennych obowiązków.
- Uczucie bezwartościowości lub brak sensu życia.
- Trudności z koncentracją lub podejmowaniem decyzji.
- Myśli samobójcze

Dodatkowe objawy, mogą obejmować:

- Nieustanne porównywanie się z innymi ludźmi
- Obsesyjne sprawdzanie swoich kont w social media
- Izolacja społeczna – unikanie kontaktu z innymi ludźmi
- Uzależnienie od social media,
- Trudności z realizacją codziennych obowiązków.
- Brak motywacji do działania lub brak zainteresowania rzeczami, które kiedyś sprawiały przyjemność.

— Rozdział 7 -

Substancje Psychoaktywne

Rozdział ten poświęcony jest wpływowi substancji psychoaktywnych na rozwój depresji. Omówione zostaną różne substancje takie jak alkohol, tytoń, marihuana, stymulanty takie jak amfetamina i kokaina, opiaty oraz psychodeliki.

W pierwszej części rozdziału zostanie omówiony wpływ alkoholu na rozwój depresji. Przedstawione zostaną mechanizmy działania alkoholu na układ nerwowy oraz sposoby, w jakie alkohol może wpłynąć na nasze samopoczucie i na nasze zdrowie psychiczne. Opisane zostaną również skutki długotrwałego nadużywania alkoholu i związek między nadużywaniem alkoholu a rozwojem depresji.

Następnie wpływowi tytoniu na rozwój depresji. Omówione zostaną mechanizmy działania nikotyny na układ nerwowy oraz skutki długotrwałego palenia tytoniu.

W kolejnej części rozdziału zostanie przedstawiony wpływ marihuany, amfetaminy i kokainy na rozwój depresji. Omówione zostaną mechanizmy działania tych substancji na układ nerwowy oraz sposoby, w jakie mogą wpłynąć na nasze samopoczucie i na nasze zdrowie psychiczne. Opisane zostaną również skutki długotrwałego nadużywania tych substancji.

W ostatniej części rozdziału zostanie omówione zastosowanie substancji psychoaktywnych w leczeniu depresji. Przedstawione zostaną różne substancje psychoaktywne, które są stosowane w leczeniu depresji, takie jak benzodiazepiny czy ketamina. Omówione zostaną także mechanizmy działania tych substancji i ich skutki uboczne.

Wpływ substancji psychoaktywnych

Używanie substancji psychoaktywnych, takich jak narkotyki lub alkohol, może prowadzić do rozwoju depresji lub nasilać już istniejące zaburzenia emocjonalne. Substancje psychoaktywne mogą zaburzać funkcjonowanie mózgu i wpływać na produkcję neuroprzekaźników, co może prowadzić do zaburzeń nastroju i emocji. Używanie substancji psychoaktywnych może również prowadzić do zaburzeń snu i problemów z koncentracją, co może nasilać objawy depresji.

Osoby, które cierpią na depresję, mogą być bardziej narażone na ryzyko uzależnienia od substancji psychoaktywnych, ponieważ mogą one szukać ucieczki od swoich emocji i myśli poprzez używanie tych substancji.

Alkohol

Alkohol jest substancją psychoaktywną, która działa jako depresant, czyli substancja obniżająca nastrój i działająca uspokajająco. Chociaż krótkotrwałe spożywanie alkoholu może prowadzić do uczucia rozluźnienia i zrelaksowania, nadużywanie alkoholu może prowadzić do negatywnych skutków zdrowotnych i emocjonalnych, w tym do rozwoju depresji. Działanie alkoholu polega na zaburzeniu funkcjonowania mózgu i wpływie na produkcję neuroprzekaźników, takich jak serotoniny czy GABA.

GABA (kwas gamma–aminomasłowy) i serotonina są dwiema ważnymi neuroprzekaźnikami, które odgrywają ważną rolę w regulacji emocji, nastroju i zachowania.

GABA – jest neuroprzekaźnikiem, który działa jako inhibitor impulsów nerwowych i ma działanie uspokajające. Jego niedobór może prowadzić do zaburzeń nastroju oraz stanów lękowych.

Serotonina – jest neuroprzekaźnikiem, który odpowiada za regulację nastroju i apetytu oraz ma wpływ na nasze zachowanie i sen. Niedobór serotoniny może prowadzić do zaburzeń nastroju, takich jak depresja.

Osoby, które cierpią na depresję, powinny unikać alkoholu lub ograniczyć jego spożywanie do minimum, ponieważ może on nasilać objawy zaburzenia.

Tytoń

Palenie tytoniu może być czynnikiem ryzyka rozwoju depresji. Dym tytoniowy zawiera szereg substancji chemicznych, w tym tlenek węgla, tlenek azotu i substancje smoliste, które mogą mieć wpływ na nastrój.

Badania przeprowadzone przez WHO – "Tobacco use and mental health" – wskazują, że osoby palące tytoń są bardziej narażone na rozwój depresji niż osoby niepalące. Palenie tytoniu może zwiększać ryzyko rozwoju depresji poprzez wpływ na układ nerwowy i neurotransmiterów odpowiedzialnych za regulację nastroju. Ponadto, palenie tytoniu może prowadzić do innych czynników ryzyka, takich jak stres, brak aktywności fizycznej i niezdrowe nawyki żywieniowe, które również mogą prowadzić do rozwoju depresji.

Substancje smoliste zawarte w dymie tytoniowym mogą mieć wpływ na neurotransmitery, takie jak serotonina, dopamina i noradrenalina.

Dopamina – jest neurotransmiterem odpowiedzialnym za motywację i nagrody, a jej niedobór może prowadzić do braku zainteresowania i apatii.

Noradrenalina – jest neurotransmiterem odpowiedzialnym za reakcje na stres i kontrolę nad układem autonomicznym, a jej niedobór może prowadzić do braku energii i trudności z koncentracją.

Marihuana

Palenie marihuany może zwiększać ryzyko rozwoju depresji poprzez wpływ na układ nerwowy i neurotransmitery odpowiedzialne za regulację nastroju. Konkretnie, marihuana może zakłócać produkcję neurotransmiterów takich jak serotonina i dopamina, co może prowadzić do zaburzeń nastroju.

Palenie marihuany może również prowadzić do innych czynników ryzyka, takich jak stres, brak aktywności fizycznej i niezdrowe nawyki żywieniowe spowodowane i stany przedcukrzycowe.

Amfetamina

Amfetamina jest silnym psychostymulantem, który może zwiększać poziom dopaminy w mózgu, co może prowadzić do zaburzeń nastroju i objawów depresyjnych. Używanie amfetaminy może prowadzić do nadmiernego wydzielania dopaminy, co może prowadzić do przepalenia układu nagrody w mózgu i niedoboru dopaminy w dłuższej perspektywie, co może prowadzić do objawów depresyjnych. Amfetamina może również prowadzić do innych czynników ryzyka, takich jak stres, brak snu i niezdrowe nawyki żywieniowe, które również mogą prowadzić do rozwoju depresji.

Kokaina

Kokaina jest silnym stymulantem układu nerwowego, który wpływa na mózg poprzez zwiększenie poziomu neuroprzekaźników, takich jak dopamina, noradrenalina i serotonina. Powoduje to uczucie euforii, zwiększenie energii i pobudzenia, zmniejszenie zmęczenia oraz zwiększenie pewności siebie.

Jednakże, po okresie działania kokainy następuje spadek poziomu neuroprzekaźników, co prowadzi do pogorszenia nastroju i zmniejszenia motywacji. Zwykle objawia się to w postaci depresji, lęku, irytacji oraz zmęczenia. Ponadto, długotrwałe używanie kokainy może prowadzić do poważnych problemów psychicznych, takich jak depresja, zaburzenia nastroju, psychozy, a także do problemów z pamięcią, uwagą i koncentracją.

Opiaty

Opiaty to silne substancje przeciwbólowe, które wpływają na układ nerwowy, zmniejszając odczuwanie bólu i powodując uczucie euforii. Substancje te oddziałują na tzw. układ nagrody w mózgu, który jest odpowiedzialny za regulację zachowań związanych z przyjemnością i nagrodą.

Opiaty wiążą się z receptorami opioidowymi w mózgu, co prowadzi do zwiększenia uwalniania neuroprzekaźników, takich jak dopamina, które są zaangażowane w regulację układu nagrody. Stymulacja tych receptorów prowadzi do uczucia euforii i przyjemności, co z kolei wzmacnia działanie opioidów.

Jednak po pewnym czasie stosowania opiatów, organizm rozwija tolerancję na leki, co oznacza, że konieczne jest zwiększenie dawki, aby osiągnąć ten sam efekt. To prowadzi do uzależnienia, a także do szeregu negatywnych skutków ubocznych, w tym do zaburzeń nastroju oraz trudności w trzeźwym funkcjonowaniu podczas dnia.

Długotrwałe stosowanie opioidów może prowadzić do zmian w układzie nagrody i uzależnienia. Organizm staje się uzależniony od opioidów i potrzebuje coraz większych dawek, aby uzyskać ten sam efekt, co prowadzi do zwiększonego ryzyka przedawkowania i śmierci.

Objawy odstawienne opiatów

Objawy odstawienne opiatów mogą być bardzo nieprzyjemne i utrudniać życie codzienne. Mogą wystąpić już kilka godzin po ostatnim spożyciu opioidów i trwać przez kilka dni lub nawet kilka tygodni.

Niektóre z najczęstszych objawów odstawienia opiatów to:

- Silne pragnienie opioidów (craving)
- Bóle mięśni i stawów
- Niepokój i nadmierne pobudzenie
- Zwiększone łzawienie, kichanie i pocenie się
- Biegunka i nudności
- Bezsenność i zaburzenia snu
- Niepokój i lęk
- Depresja i zmniejszenie nastroju
- Utrata apetytu

Psychodeliki – LSD, Grzyby Halucynogenne

Psychodeliki to substancje, które mogą wywoływać zmiany w percepcji, świadomości lub nastroju. Niektóre psychodeliki, takie jak LSD (kwas dietylowy) czy psylocybina (zwana również grzybkiem hawańskim), były kiedyś badane jako potencjalne leki terapeutyczne w leczeniu różnych zaburzeń psychicznych, takich jak depresja, lęk i PTSD (zespół stresu pourazowego). Jednak badania nad terapeutycznym zastosowaniem psychodelików są wciąż w początkowej fazie i wymagają dalszych badań, aby ocenić ich skuteczność i bezpieczeństwo. W większości krajów psychodeliki są nielegalne lub mają ograniczone zastosowanie medyczne, a ich używanie nie jest zalecane.

Należy pamiętać, że używanie psychodelików niesie ze sobą ryzyko działań niepożądanych, takich jak halucynacje, lęk, panika i inne niepokojące doświadczenia psychiczne. Może to prowadzić do dalszych problemów psychicznych lub fizycznych, takich jak depresja lub uzależnienie. Dlatego też używanie psychodelików jest niebezpieczne i nie jest zalecane jako forma terapii.

Psychoaktywne leki przeciwlękowe

Benzodiazepiny

Benzodiazepiny to grupa leków przeciwlękowych i uspokajających, które działają na układ nerwowy poprzez zwiększenie aktywności neuroprzekaźnika GABA.

Stosowanie benzodiazepin w leczeniu depresji jest kontrowersyjne, ponieważ te leki mogą prowadzić do uzależnienia, a długotrwałe stosowanie może prowadzić do pogorszenia depresji. Benzodiazepiny są często stosowane w krótkotrwałym leczeniu objawów lękowych i zaburzeń snu związanych z depresją. W przypadku ich stosowania, należy przestrzegać zaleceń lekarza dotyczących dawkowania i czasu stosowania.

Ketamina

Ketamina to lek stosowany w celu łagodzenia bólu, ale również może być stosowany w leczeniu depresji, ze względu na swoje właściwości antydepresyjne. Zazwyczaj używana jest w leczeniu depresji opornej na leczenie konwencjonalne. Lek ten działa poprzez blokowanie receptorów NMDA w mózgu, co prowadzi do zwiększenia uwalniania neuroprzekaźników takich jak glutaminian. To z kolei może prowadzić do zwiększenia poziomu neuroplastyczności mózgu i poprawy nastroju .Ketamina jest zwykle podawana w postaci wstrzyknięcia dożylnego, ale może być także podawana w postaci aerozolu do nosa lub w postaci tabletek. Jednakże, ze względu na swoje silne działanie i ryzyko poważnych skutków ubocznych, takich jak halucynacje i zaburzenia myślenia, jej stosowanie powinno odbywać się pod ścisłą kontrolą lekarza.

Warto pamiętać, że benzodiazepiny i ketamina są stosowane w leczeniu depresji jedynie w wyjątkowych przypadkach, i zawsze powinny być stosowane pod nadzorem lekarza.

Rozdział 8

Negatywny sposób myślenia

Rozdział ten poświęcony jest negatywnym wzorcom myślowym, które powielane mogą prowadzić do rozwinięcia depresji. Pesymistyczny sposób myślenia charakteryzuje się tendencją do przyjmowania negatywnych interpretacji wydarzeń, skupiania się na negatywnych aspektach sytuacji i braku nadziei na poprawę. Może to prowadzić do zwiększenia poziomu lęku i stresu oraz do pogorszenia samopoczucia i poczucia własnej wartości co w konsekwencji może prowadzić do rozwoju depresji.

Przyczyny Negatywnych myśli

Negatywne myśli mogą pojawić się z różnych powodów i mogą być wynikiem wielu różnych czynników, takich jak:

Stres – Sytuacje stresowe mogą wywoływać negatywne myśli.

Depresja lub inne zaburzenia emocjonalne – Osoby cierpiące na depresję lub inne zaburzenia emocjonalne często doświadczają negatywnych myśli.

Doświadczenia życiowe – Przeżycia traumatyczne lub trudne doświadczenia życiowe mogą prowadzić do pojawienia się negatywnych myśli.

Niska samoocena – Osoby z niską samooceną mogą skłaniać się ku negatywnym myślom o sobie i swoich możliwościach.

Brak snu lub zaburzenia snu – Brak odpowiedniej ilości snu lub zaburzenia snu mogą być przyczyną negatywnych myśli.

Niektóre leki – Niektóre leki mogą prowadzić do pojawienia się negatywnych myśli jako skutków ubocznych.

Wewnętrzny Krytyk

Wewnętrzny krytyk to wewnętrzna siła, która ocenia nasze myśli i zachowania w sposób negatywny. Może to prowadzić do poczucia winy, wstydu i braku akceptacji dla siebie. Wewnętrzny krytyk może być jednym z czynników ryzyka rozwoju depresji. Osoby, które doświadczają silnej wewnętrznej krytyki, mogą mieć trudności z akceptacją siebie i swoich osiągnięć, co może prowadzić do poczucia braku sensu i bezradności. Może to nasilać negatywne myśli i uczucia, a w konsekwencji prowadzić do rozwoju depresji.

Postawa Ofiary

Postawa ofiary to sposób myślenia, w którym osoba widzi siebie jako bezsilną i niezdolną do zmiany swojej sytuacji. Może to prowadzić do poczucia braku kontroli nad własnym życiem i doświadczeniem braku motywacji do działania. Postawa ofiary może być jednym z czynników ryzyka rozwoju depresji. Osoby, które doświadczają postawy ofiary, mogą mieć trudności z osiąganiem sukcesów i osiąganiem swoich celów, co może prowadzić do poczucia bezradności i braku sensu. Może to nasilać negatywne myśli i uczucia, a w konsekwencji prowadzić do rozwoju depresji

Model ABC

Model ABC to model poznawczo–behawioralny, który został opracowany przez amerykańskiego psychologa Alberta Ellisa.

Model ten opisuje związek między myślami, emocjami i zachowaniami. Składa się z trzech części:

A – Activating Situation (sytuacja): to sytuacja lub doświadczenie, które prowadzi do pojawienia się myśli i emocji.

B – Belief (przekonania): to nasze myśli i przekonania dotyczące sytuacji. Nasze myśli i przekonania mogą wpływać na nasze emocje izachowania.

C – Consequence (konsekwencje): to wynik naszych negatywnych przekonań na zaistniałą sytuację.

Model ABC pomaga nam zrozumieć, jak nasze myśli i przekonania wpływają na nasze emocje i zachowania. Może być pomocny w rozumieniu i zmianie negatywnych myśli i przekonań, które mogą prowadzić do rozwoju depresji.

Zmiana sposobu myślenia przez afirmacje

Afirmacje to pozytywne i motywujące stwierdzenia, które pomagają nam zmienić nasze myślenie i przekonania. Możemy je wykorzystać, by zwiększyć naszą pewność siebie, poprawić naszą samoocenę i zwiększyć naszą motywację do działania. Afirmacje mogą być pomocne w przeprogramowaniu negatywnych myśli i przekonań, które mogą prowadzić do rozwoju depresji.

Aby wykorzystać afirmacje, możesz:

Wypisz afirmacje – odpowiadające twoim potrzebom i celom. Na przykład: "Jestem wartościową osobą", "Jestem pełen siły i mocy", "Jestem zdolny do osiągania swoich celów".

Wypowiadaj afirmacje regularnie – najlepiej rano i wieczorem. Możesz je sobie powtarzać w myślach lub głośno.

Wierz w afirmacje i pozytywne stwierdzenia – staraj się nie kwestionować ich i nie podważać ich prawdziwości.

Utrzymuj pozytywne nastawienie – skupiaj się na swoich mocnych stronach i osiągnięciach.

Afirmacje mogą być skutecznym narzędziem w zmianie negatywnych myśli i przekonań, jednak nie są panaceum na wszystkie problemy emocjonalne.

Model Afirmacji 369

Model afirmacji 369 to technika, która polega na powtarzaniu afirmacji trzy razy rano, sześć razy w ciągu dnia i dziewięć razy wieczorem. Celem tej techniki jest zaprogramowanie naszego mózgu na myślenie w pozytywny sposób poprzez codzienne powtarzanie afirmacji. Możemy używać afirmacji, które odpowiadają naszym potrzebom i celom, takich jak: "Jestem wartościową osobą", "Jestem pełen siły i mocy", "Jestem zdolny do osiągania swoich celów".

Negatywny sposób myślenia

Aby skorzystać z techniki afirmacji 369, możesz:

1. Napisz afirmacje, które odpowiadają twoim potrzebom i celom.

2. Wypowiadaj afirmacje rano, w ciągu dnia i wieczorem, powtarzając je trzy razy rano, sześć razy w ciągu dnia i dziewięć razy wieczorem.

3. Wierz w afirmacje i pozytywne stwierdzenia. Staraj się nie kwestionować ich i nie podważać ich prawdziwości.

4. Utrzymuj pozytywne nastawienie i skupiaj się na swoich mocnych stronach i osiągnięciach.

— Rozdział 9 -
Poczucie własnej wartości

Ocena środowiskowa

Ocena środowiskowa to sposób, w jaki oceniamy siebie na podstawie tego, jak inni nas oceniają. Może to mieć wpływ na nasze poczucie własnej wartości. Jeśli ludzie w naszym otoczeniu nas chwalą i doceniają, może to prowadzić do wzrostu poczucia własnej wartości i pewności siebie. Jeśli natomiast jesteśmy krytykowani lub ignorowani przez innych, może to prowadzić do obniżenia poczucia własnej wartości i pewności siebie.

W niektórych kulturach ludzie są bardziej skłonni do okazywania uznania i szacunku, podczas gdy w innych kulturach jest to mniej powszechne. Negatywna ocena ze strony innych osób może być również wynikiem doświadczeń z przeszłości, takich jak traumy czy zaniedbania emocjonalne w dzieciństwie.

Ocena środowiskowa może mieć również wpływ na nasze decyzje i zachowania. Jeśli chcemy być akceptowani przez innych, możemy dostosować nasze zachowanie do ich oczekiwań lub norm, co może prowadzić do braku autentyczności i braku pewności siebie.

Aby uniknąć negatywnych skutków oceny środowiskowej, ważne jest, aby nie kierować się wyłącznie oceną innych, ale być wiarygodnym oraz słuchać własnych potrzeb i pragnień. Może to pomóc w budowaniu pewności siebie i poczucia własnej wartości, niezależnie od tego, co inni o nas sądzą.

Niska samoocena

Niska samoocena może być jednym z czynników ryzyka rozwoju depresji. Osoby, które mają niską samoocenę, mogą być bardziej podatne na negatywne myśli i uczucia, które mogą prowadzić do rozwoju depresji. Niska samoocena może też prowadzić do braku motywacji i braku chęci do działania, co może nasilać objawy depresji.

Osoby o niskiej samoocenie często mają trudności w nawiązywaniu relacji z innymi ludźmi, ponieważ boją się odrzucenia. Często unikają wyzwań i unikają podejmowania działań, które mogą prowadzić do sukcesu, ponieważ nie wierzą w swoje umiejętności.

Brak wiary we własne możliwości

Brak wiary we własne możliwości może być jednym z czynników ryzyka rozwoju depresji. Osoby, które nie wierzą w swoje możliwości, mogą mieć trudności z osiąganiem sukcesów i wyznaczonych przez siebie celów, co może prowadzić do poczucia bezradności i braku sensu. Może to nasilać negatywne myśli i uczucia, a w konsekwencji prowadzić do rozwoju depresji.

Ważne jest, aby pamiętać, że nasza samoocena może ulec zmianie i można ją poprawić. Można to osiągnąć poprzez pracę nad swoją wewnętrzną motywacją i uznaniem swoich osiągnięć. Ważne jest również, aby uczyć się akceptować swoje słabości i błędy oraz skupić się na swoich mocnych stronach.

— Rozdział 10 -
Samotność a stan psychiczny

Rozdział ten poświęcony jest wpływowi Pandemii Covid–19 na rozwój depresji, rosnącego sektora pracy zdalnej utrudniającego fizyczne kontakty z innymi ludźmi oraz emigracji zarobkowej, która często wiąże się z długim przebywaniem poza otoczeniem rodziny i znajomych.

Pandemia Covid–19

Pandemia COVID–19 ma wpływ na rozwój depresji. Izolacja społeczna, ograniczenia w kontaktach z innymi osobami, stres związany z sytuacją pandemiczną oraz lęk o zdrowie i bezpieczeństwo mogą prowadzić do wzrostu liczby osób zmagających się z depresją. Wraz z wprowadzeniem kwarantanny i ograniczeń w poruszaniu się, wiele firm zdecydowało się na pracę zdalną, co stało się niezbędne dla zachowania bezpieczeństwa pracowników i utrzymania ciągłości biznesowej.

Praca Zdalna

Praca zdalna może wpływać na rozwój depresji, ponieważ prowadzi do izolacji społecznej, braku bezpośredniego kontaktu z kolegami z pracy i ograniczenia możliwości relaksu. Może to powodować wzrost stresu i lęku, co może przyczynić się do rozwoju depresji. Dlatego ważne jest, aby osoby pracujące zdalnie zachowały równowagę między pracą a odpoczynkiem, utrzymywały kontakty z innymi ludźmi i szukały pomocy, jeśli zauważą objawy depresji.

Jeżeli istnieje taka możliwość powinniśmy wyznaczyć sobie określone godziny przeznaczone na pracę. Dodatkowo miejsce, w którym pracujemy nie powinno być miejscem, w którym odpoczywamy. Obecnie na rynku pojawia się coraz więcej miejsc coworkingowych – "share space" gdzie za niewielką miesięczna opłatą istnieje możliwość wynajęcia biurka i poznania innych ciekawych osób, które również mają możliwość pracy zdalnej. Tworzy to okazję do nawiązania ciekawych znajomości z podobnych branży, które niekoniecznie muszą być naszymi współpracownikami.

Praca zdalna stała się normą dla wielu pracowników, a to z kolei przyczyniło się do zmiany sposobu, w jaki ludzie pracują i żyją. Pracownicy musieli dostosować swoje miejsca pracy w domu i organizować swój czas w inny sposób, aby dostosować się do nowych wymagań pracy zdalnej. Dla niektórych osób praca zdalna była wyzwaniem, ale dla innych była to okazja do zwiększenia efektywności i elastyczności.

Emigracja Zarobkowa

Emigracja zarobkowa może mieć wpływ na rozwój depresji, ponieważ wiąże się z wieloma wyzwaniami, takimi jak adaptacja do nowego środowiska, języka i kultury, rozłąka z rodziną i przyjaciółmi, a także niepewność związana z pracą i sytuacją materialną. Może to prowadzić do wzrostu stresu i lęku, co może przyczynić się do rozwoju depresji. Dlatego ważne jest, aby osoby pracujące za granicą szukały wsparcia u bliskich i przyjaciół, utrzymywały kontakty z rodziną i przyjaciółmi w kraju pochodzenia, a także szukały pomocy, jeśli zauważą objawy depresji. Warto ustalić sobie chociaż jeden dzień w trakcie tygodnia kiedy będziemy mogli porozmawiać z przyjaciółmi i opowiedzieć co nam się przydarzyło w trakcie tygodnia. W tych najtrudniejszych momentach wsparcie poprzez zwykłą rozmowę może okazać się niezwykle cenne i pomóc nam rozładować napięcie spowodowane pracą.

— Rozdział 11 -

Relacje towarzyskie a depresja

Relacje towarzyskie mogą mieć wpływ na rozwój i leczenie depresji. Osoby z dobrze rozwiniętymi relacjami towarzyskimi mogą mieć więcej wsparcia emocjonalnego i mogą łatwiej radzić sobie ze stresem i trudnościami codziennego życia. Dlatego też nawiązywanie i utrzymywanie pozytywnych relacji z rodziną, przyjaciółmi i innymi osobami może pomóc w zapobieganiu rozwojowi depresji i wspierać proces leczenia.

Jednak nie jest tak, że posiadanie dużej liczby znajomych automatycznie gwarantuje brak depresji. Również relacje towarzyskie mogą być źródłem stresu i niepokoju, jeśli są niezdrowe lub nieodpowiednio zarządzane.

Ważne jest, aby zadbać o zdrowie swoich relacji towarzyskich, szczególnie jeśli jesteś osobą borykającą się z depresją. Może to oznaczać unikanie ludzi, którzy wywołują u ciebie negatywne emocje lub sytuacji, które są dla ciebie trudne do zniesienia. Może to również oznaczać szukanie wsparcia u zaufanych przyjaciół lub rodziny, którzy mogą ci pomóc w radzeniu sobie z trudnościami.

Jednocześnie brak wsparcia emocjonalnego i izolacja społeczna mogą być czynnikami ryzyka rozwoju depresji. Osoby z depresją mogą mieć trudności w nawiązywaniu i utrzymywaniu relacji towarzyskich, co może pogłębiać ich trudności emocjonalne.

Związki i relacje partnerskie

Depresja może mieć negatywny wpływ na związki i relacje partnerskie. Osoby z depresją mogą mieć trudności w nawiązywaniu i utrzymywaniu bliskich relacji, a także w okazywaniu uczuć i emocji. Depresja może również prowadzić do braku zainteresowania seksem i pogorszenia jakości życia seksualnego.

Z drugiej strony, dobre relacje i wsparcie emocjonalne od partnera mogą być ważnymi czynnikami wspierającymi proces leczenia depresji. Ważne jest, aby osoby z depresją otwarcie rozmawiały ze swoimi partnerami o swoich trudnościach i potrzebach oraz aby szukały wsparcia i pomocy w leczeniu. Warto również pamiętać, że leczenie depresji może obejmować również terapię dla par lub indywidualną terapię aby pomóc im w radzeniu sobie z trudnościami i wspierać zdrowy rozwój związku.

Depresja i problemy z seksem

Depresja i problemy z seksem często występują razem i mogą się wzajemnie nasilać. Depresja może prowadzić do braku libido (pożądania seksualnego) i trudności z osiągnięciem lub utrzymaniem erekcji u mężczyzn oraz do braku lub zmniejszenia orgazmu u kobiet. Problemy z seksem, takie jak brak libido lub trudności z osiągnięciem orgazmu, mogą prowadzić do pogorszenia samooceny i poczucia własnej wartości, co może nasilać objawy depresji.

Jeśli ktoś doświadcza problemów z seksem i depresją, ważne jest, aby skonsultować się z lekarzem lub terapeutą. Lekarz może zlecić badania, aby wykluczyć inne przyczyny problemów seksualnych, takie jak choroby przenoszone drogą płciową lub niektóre leki, które mogą zaburzać seksualność. Terapia może pomóc osobie zrozumieć i poradzić sobie z emocjami, które mogą prowadzić do problemów z seksem lub nasilać objawy depresji. Lekarz lub terapeuta może też zalecić leczenie farmakologiczne, jeśli jest to uzasadnione. Ważne jest, aby szukać pomocy, jeśli problemy z seksem lub depresja utrudniają codzienne funkcjonowanie.

Terapia par może być skutecznym sposobem leczenia depresji, szczególnie jeśli relacja z partnerem jest jednym z głównych czynników wpływających na stan emocjonalny osoby cierpiącej na depresję. Terapia par pomaga parom lepiej rozumieć swoje potrzeby i emocje oraz lepiej sobie z nimi radzić. Może też pomóc parom lepiej rozumieć i wspierać siebie nawzajem oraz lepiej komunikować się i rozwiązywać konflikty.

Terapia dla par w leczeniu depresji

Podczas terapii par, terapeuta może pracować z obojgiem partnerów, aby lepiej zrozumieć ich relację i sposoby radzenia sobie z trudnościami. Może też nauczyć parę nowych umiejętności komunikacyjnych i rozwiązywania problemów, które mogą pomóc im lepiej poradzić sobie z depresją i innymi trudnościami.

Jeśli ktoś cierpi na depresję i chce rozważyć terapię par, ważne jest, aby znaleźć terapeutę, który ma doświadczenie w pracy z osobami cierpiącymi na depresję i ma umiejętność pracy z parą. Terapia par może być skuteczna w leczeniu depresji, ale ważne jest, aby pamiętać, że każdy przypadek jest inny i inne formy leczenia mogą być również skuteczne.

Życie rodzinne a depresja

Aby pomóc osobie cierpiącej na depresję, ważne jest, aby wszyscy członkowie rodziny byli wsparciem i pomagali osobom radzić sobie z trudnościami. Może to obejmować okazywanie empatii i wyrozumiałości, słuchanie bez osądu oraz dostarczanie wsparcia emocjonalnego i praktycznego. Warto też rozważyć terapię rodzinną lub indywidualną dla osoby cierpiącej na depresję, aby lepiej zrozumieć i poradzić sobie z trudnościami. Ważne jest, aby szukać pomocy u specjalisty, jeśli objawy depresji utrudniają codzienne funkcjonowanie.

Terapia rodzinna

Terapia rodzinna może być skuteczną formą leczenia depresji, szczególnie jeśli trudności w rodzinie są jednym z głównych czynników wpływających na stan emocjonalny osoby cierpiącej na depresję. Terapia rodzinna pomaga rodzinie lepiej zrozumieć siebie nawzajem i lepiej sobie radzić z trudnościami. Może też pomóc rodzinie lepiej rozumieć i wspierać osobę cierpiącą na depresję oraz lepiej komunikować się i rozwiązywać konflikty.

Podczas terapii rodzinnej, terapeuta pracuje z całą rodziną, aby lepiej zrozumieć ich relacje i sposoby radzenia sobie z trudnościami. Może też nauczyć rodzinę nowych umiejętności komunikacyjnych i rozwiązywania problemów, które mogą pomóc im lepiej poradzić sobie z depresją i innymi trudnościami.

Jak długo trwa terapia rodzinna?

Okres trwania terapii rodzinnej zależy od wielu czynników, takich jak rodzaj problemów, z którymi rodzina zmaga się, stopień zaangażowania jej członków w proces leczenia i ich osobiste cele terapeutyczne. Zazwyczaj terapia rodzinna trwa od kilku do kilkunastu sesji. Częstotliwość sesji zależy od indywidualnych potrzeb rodziny i może być ustalana na początku leczenia.

Wpływ depresji na relacje ze znajomymi

Depresja może mieć negatywny wpływ na relacje z przyjaciółmi i bliskimi. Osoby cierpiące na depresję mogą czuć się izolowane i trudno im będzie utrzymywać kontakty towarzyskie. Mogą też mieć trudności z radzeniem sobie z emocjami i komunikowaniem się, co może prowadzić do konfliktów z innymi ludźmi. Przyjaciele i rodzina osób z depresją mogą też czuć się bezradni i zaniepokojeni zmianami zachowania i nastroju bliskich im osób.

Jak możesz pomóc znajomemu gdy widzisz u niego objawy depresji?

Aktywnie słuchać i wspierać –Poświęcać czas, aby posłuchać i zrozumieć to, czego dana osoba doświadcza oraz okazywać wsparcie i zrozumienie, nie oceniając ani nie krytykując.

Zachęcać do skorzystania z pomocy specjalisty – Pomóc osobie z depresją w znalezieniu i skorzystaniu z pomocy specjalisty, takiej jak lekarz lub terapeuta.

Motywować do aktywności – Zachęcać osobę z depresją do spacerów lub sportu, co może poprawić ich samopoczucie.

Pomagać utrzymać kontakt z rodziną i przyjaciółmi –co może pomóc osobie z depresją w czuciu się mniej osamotnionymi.

Oferować swoją obecność i wsparcie – gdy tylko osoba z depresją potrzebuje

Depresja po stracie bliskiej osoby

Stracenie bliskiej osoby może być jednym z najtrudniejszych doświadczeń w życiu. Może prowadzić do głębokiego smutku i cierpienia, a nawet do depresji. Depresja po stracie bliskiej osoby, zwana także depresją żałobną, jest zaburzeniem emocjonalnym, które może się pojawić po utracie kogoś, kogo kochamy lub z kim mieliśmy bliski związek. Może być trudna do zniesienia i utrudniać codzienne funkcjonowanie.

Osoby, które doświadczyły straty bliskiej osoby, mogą odczuwać różne objawy depresji, takie jak:

- Smutek i przygnębienie, które utrzymują się przez długi czas
- Brak zainteresowania rzeczami, które kiedyś sprawiały przyjemność
- Trudności z zasypianiem lub nadmierny sen
- Brak energii lub brak motywacji
- Trudności z koncentracją lub podejmowaniem decyzji
- Poczucie beznadziei lub braku sensu życia
- Myśli o śmierci lub samobójstwie

Niepowikłana żałoba to taki stan emocjonalny, w którym osoba po stracie bliskiej osoby przechodzi przez proces załamywania się i radzenia sobie z emocjami związanymi z tą stratą. Osoba doświadczająca niepowikłanej żałoby ma skuteczne mechanizmy radzenia sobie z emocjami i potrafi funkcjonować w codziennym życiu, choć może odczuwać smutek i załamanie.

W przypadku powikłanej żałoby osoba doświadcza trudności z przeżywaniem straty i radzeniem sobie z emocjami związanymi z tą stratą. Może odczuwać objawy depresji lub innych zaburzeń emocjonalnych i mieć trudności w funkcjonowaniu w codziennym życiu. W takim przypadku warto skonsultować się z lekarzem lub psychologiem, aby uzyskać pomoc i wsparcie.

Etapy żałoby

Etapy załamywania się po stracie bliskiej osoby zostały opisane przez amerykańskiego psychologa Elisabeth Kübler-Rossa.

Pięć etapów emocjonalnych, które większość osób doświadcza po stracie bliskiej osoby:

1. Zdumienie i zaprzeczanie – Możesz mieć trudność z przyjęciem faktu, że ta osoba naprawdę odeszła. Możesz mieć poczucie, że to jakaś pomyłka lub że ta osoba wróci.

2. Gniew i obwinianie – Możesz odczuwać gniew wobec Boga, lekarzy, siebie lub innych osób za to, że ta osoba odeszła. Możesz też obwiniać siebie lub innych za jej śmierć.

3. Negocjacja – Możesz próbować negocjować z Bogiem lub innymi osobami, aby ta osoba wróciła. Możesz też próbować znaleźć jakiś sposób, aby uniknąć lub zmienić fakt, że ta osoba o deszła.

4. Smutek i załamanie – Możesz doświadczać głębokiego smutku i przygnębienia po stracie bliskiej osoby. Możesz też mieć trudności z podejmowaniem codziennych aktywności i odczuwać brak motywacji.

5. Akceptacja – W końcu możesz dojść do etapu, w którym będziesz w stanie zaakceptować fakt, że ta osoba odeszła. Możesz też odkryć sposoby, aby poradzić sobie z tą stratą i kontynuować życie.

Stracenie bliskiej osoby jest jednym z najtrudniejszych doświadczeń w życiu i może prowadzić do wielu różnych reakcji organizmu i psychiki.

Oto niektóre z możliwych reakcji:

Smutek i łzy – Strata bliskiej osoby może prowadzić do głębokiego smutku, przygnębienia, oraz płaczu. To naturalna reakcja na stratę i może trwać przez długi czas.

Brak apetytu – Możesz mieć trudności z jedzeniem lub tracić apetyt po stracie bliskiej osoby. Może to prowadzić do utraty masy ciała lub innych problemów zdrowotnych.

Zaburzenia snu – Możesz mieć trudności z zasypianiem lub budzeniem się w nocy po stracie bliskiej osoby. Możesz też mieć koszmary senne lub nadmiernie spać.

Problemy z koncentracją – Możesz mieć trudności z koncentracją lub podejmowaniem decyzji po stracie bliskiej osoby. Może to utrudnić wykonywanie codziennych zadań i obowiązków.

Objawy fizyczne – takie jak ból głowy, ból brzucha, ucisk w klatce piersiowej lub duszności. Może też powodować zmiany w rytmie serca lub ciśnieniu krwi.

Zaburzenia emocjonalne – Strata bliskiej osoby może prowadzić do różnych zaburzeń emocjonalnych, takich jak depresja, lęk lub poczucie beznadziei. Może też powodować myśli o śmierci lub samobójstwie.

Rozdział 12

Wpływ snu na stany depresyjne

Sen ma istotny wpływ na nasze zdrowie i dobre samopoczucie, a jego nieprawidłowości mogą być związane z różnymi zaburzeniami psychicznymi, w tym z depresją. Osoby cierpiące na depresję mogą doświadczać trudności z zasypianiem lub utrzymywaniem prawidłowego rytmu snu, a także zbyt krótkiego lub zbyt długiego snu. Zaburzenia snu mogą nasilać objawy depresji i utrudniać leczenie.

Aby zapobiec zaburzeniom snu związanym z depresją, ważne jest stosowanie prawidłowych nawyków snu, takich jak:

- utrzymywanie regularnych godzin snu
- unikanie kofeiny i innych stymulantów przed snem
- unikanie ekspozycji na jasne światło przed snem
- unikanie wielogodzinnego leżenia w łóżku
- stosowanie relaksujących rytuałów przed snem, takich jak czytanie lub słuchanie muzyki

Jeśli zaburzenia snu utrzymują się lub nasilają objawy depresji, ważne jest, aby skonsultować się z lekarzem lub specjalistą od zaburzeń snu w celu omówienia problemu.

Zaburzenia snu

Zaburzenia snu to problemy związane z jakością, ilością lub rytmem snu, które mogą wpływać na nasze samopoczucie, zdrowie i codzienne funkcjonowanie. Istnieje wiele rodzajów zaburzeń snu, w tym:

Bezsenność – trudności z zasypianiem lub utrzymywaniem prawidłowego rytmu snu

Główne przyczyny bezsenności:

- stres,
- zaburzenia emocjonalne,
- zaburzenia rytmu dobowego,
- zaburzenia snu,
- zażywanie niektórych leków,
- palenie tytoniu,
- picie alkoholu lub kofeiny,
- niektóre choroby fizyczne.

Schorzenia utrudniające spokojny sen:

Hiperwigilacja – stan podwyższonej czujności i czuwania, który charakteryzuje nadmierna pobudliwość, brak możliwości zrelaksowania się i zaśnięcia

Zespół niespokojnych nóg – uczucie niepokoju lub drętwienia w nogach, które uniemożliwia zasypianie

Zaburzenia rytmu dobowego – brak synchronizacji między rytmem snu a rytmem dobowym organizmu

Zespół apnei nocnej – przerwy w oddychaniu podczas snu, które prowadzą do niedotlenienia mózgu

Nieregularne pory snu

Nieregularne pory snu to brak regularności w godzinach snu i czuwania. Może to prowadzić do problemów z zasypianiem, utrzymywaniem prawidłowego rytmu snu oraz wpływać na jakość snu i codzienne funkcjonowanie.

Nieregularne pory snu mogą być spowodowane przez:

Tryb życia – praca na zmiany, praca w nocy lub częste podróże międzynarodowe mogą prowadzić do braku regularności w rytmie dobowym

Nieodpowiednie nawyki snu –nieodpowiednia ilość snu, brak rytuałów przed snem, korzystanie z telewizora lub komputera przed snem.

Choroby psychiczne – niektóre zaburzenia psychiczne, takie jak depresja czy zespół stresu pourazowego, mogą prowadzić do problemów z regulacją rytmu snu.

Przyjmowanie leków – niektóre leki, takie jak leki przeciwdepresyjne czy leki przeciwbólowe, mogą wpływać na rytm snu.

Nienormowana długość snu

Prawidłowa długość snu zależy od wielu czynników, takich jak wiek, styl życia i indywidualne potrzeby. Ogólnie zaleca się, aby dorośli spali od 7 do 9 godzin na dobę. Jednak niektóre osoby mogą potrzebować więcej lub mniej snu, w zależności od ich trybu życia i indywidualnych potrzeb.

Nienormowana długość snu to długość snu, która odbiega od tej rekomendowanej dla danej grupy wiekowej. Może to obejmować zarówno zbyt krótki, jak i zbyt długi sen. Nienormowana długość snu może prowadzić do problemów zdrowotnych i utrudniać codzienne funkcjonowanie. Może być też objawem choroby lub zaburzenia psychicznego.

Aby uniknąć problemów związanych z nienormowaną długością snu, ważne jest stosowanie prawidłowych nawyków snu, takich jak:

- utrzymywanie regularnych godzin snu i czuwania
- unikanie kofeiny i innych stymulantów przed snem
- unikanie ekspozycji na jasne światło

Wstawanie o różnych porach

Wstawanie o różnych porach dnia może mieć wpływ na zdrowie, ponieważ nasz rytm dobowy (tzw. rytm circadian) jest silnie związany z naszymi naturalnymi procesami biologicznymi, takimi jak sen, apetyt i metabolizm. Kiedy nasz rytm dobowy jest zaburzony, może to prowadzić do problemów zdrowotnych

Stan Rem

Faza REM (Rapid Eye Movement) to faza snu, w której dochodzi do szybkiego ruchu gałek ocznych. Jest to faza snu, w której najczęściej dochodzi do snów. Faza REM trwa około 20–25% całego cyklu snu i pojawia się co 90–120minut.

Zaburzenia snu fazy REM mogą objawiać się brakiem snów lub ich nieprawidłowym przebiegiem, np. snami przerywanymi lub chaotycznymi. Zaburzenia te mogą mieć różne przyczyny, takie jak stres, nieodpowiednia dieta, nadużywanie substancji psychoaktywnych czy nieodpowiednie warunki do spania

Drzemki w trakcie dnia

Drzemka w ciągu dnia, czyli tzw. drzemka popołudniowa, to krótki sen, który może pomóc nam odzyskać siły i wyciszyć się po ciężkim dniu. Drzemka w ciągu dnia jest zazwyczaj krótsza niż sen nocny i trwa od 15 do 20minut.

Drzemka w ciągu dnia może być korzystna dla naszego zdrowia i dobrego samopoczucia, ponieważ pomaga zmniejszyć uczucie zmęczenia i zwiększa koncentrację oraz wydajność. Może też pomóc w lepszym radzeniu sobie ze stresem i poprawić nastrój. Jeśli chcesz skorzystać z drzemki w ciągu dnia, ważne jest, aby znaleźć odpowiednie miejsce i ułożenie ciała, aby zapewnić sobie wygodę i umożliwić zasypianie. Drzemka w ciągu dnia może być również korzystna dla osób pracujących w nocy lub mających nieregularny tryb pracy, ponieważ pozwala im dostosować swój rytm dobowy do ich obowiązków. Ważne jest jednak, aby nie przesadzać z ilością drzemek i upewnić się, że nie wpływają one negatywnie na sen nocny.

Rozdział 13

Zaburzenia odżywiania w depresji

Osoby cierpiące na depresję mogą doświadczać zaburzeń odżywiania, takich jak:

Bulimia – charakteryzują się napadami objadania się, po których następują wymioty lub stosowanie środków przeczyszczających.

Anoreksja – objawiają się nadmiernym dążeniem do utraty wagi i wywoływaniem u siebie głodu.

Nadmierne objadanie się (hiperfagia) – osoby cierpiące na tę formę zaburzeń odżywiania zwykle doświadczają nagłych ataków apetytu i jedzą duże ilości jedzenia w krótkim czasie.

Zaburzenia odżywiania mogą być objawem depresji, ale mogą też nasilać się pod jej wpływem. Dlatego ważne jest, aby osoby cierpiące na depresję szukały pomocy u specjalisty, który pomoże im leczyć zaburzenia odżywiania i zajmie się ich depresją.

Nadmierne objadanie się

Zaburzenia odżywiania, takie jak nadmierne objadanie się, mogą prowadzić do poważnych problemów zdrowotnych i emocjonalnych. Nadmierne objadanie się jest zaburzeniem odżywiania, w którym osoba nie potrafi kontrolować ilości jedzenia, którą spożywa, i często prowadzi to do przytycia. Może być ono spowodowane różnymi czynnikami, takimi jak niskie poczucie własnej wartości, lęk, stres, lub brak umiejętności radzenia sobie z emocjami. Osoby, które cierpią na tego typu zaburzenia, mogą mieć trudności z utrzymaniem prawidłowej masy ciała i mogą być narażone na różnego rodzaju choroby, takie jak cukrzyca, choroby serca i nadciśnienie tętnicze.

Brak apetytu

Brak apetytu to brak chęci jedzenia lub trudności z jedzeniem w wystarczających ilościach. Może to być objawem różnych chorób lub zaburzeń, takich jak zapalenie jelit, choroby tarczycy, depresja, stres lub inne zaburzenia emocjonalne. Może również być skutkiem przyjmowania niektórych leków lub być spowodowane niektórymi stylami odżywiania, takimi jak restrykcyjne diety lub anoreksja.

Ilość posiłków

Ilość posiłków, które powinieneś jeść w ciągu dnia, zależy od wielu czynników, takich jak Twój wiek, płeć, wzrost, waga, poziom aktywności fizycznej i indywidualne potrzeby żywieniowe. Ogólnie zaleca się, aby jeść co najmniej 3 główne posiłki dziennie (śniadanie, obiad i kolację) oraz 2–3 przekąski pomiędzy posiłkami. Możesz również rozważyć zwiększenie liczby posiłków, jeśli jesteś aktywny fizycznie lub jeśli Twój organizm potrzebuje więcej energii.

Pamiętaj, aby uwzględnić zdrowe i urozmaicone posiłki, aby zapewnić organizmowi odpowiednią ilość składników odżywczych. Ważne jest również, aby nie przejadać się i kontrolować porcje, aby uniknąć nadmiernego przybierania nawadze.

Wskaźnik BMI

BMI (ang. body mass index) to wskaźnik masy ciała, który jest wykorzystywany do oceny, czy masa ciała danej osoby jest w normie, czy też może wskazywać na nadwagę lub otyłość. BMI jest wyliczany na podstawie wzoru, który uwzględnia masę ciała oraz wzrost osoby. Wzór na BMIto:

BMI = masa ciała (w kilogramach) / wzrost (w metrach) do kwadratu

Oto przykład obliczenia BMI dla osoby o masie ciała 70 kg i wzroście 1,75m:

BMI = 70 / (1,75 x 1,75) = 22,9

Wynik ten należy porównać z normami BMI, aby ocenić, czy masa ciała jest w normie.

Wartości BMI dla dorosłych osób interpretuje się w następujący sposób:

- BMI poniżej 18,5 – niedowaga
- BMI 18,5–24,9 – waga prawidłowa
- BMI 25–29,9 – nadwaga
- BMI powyżej 30 – otyłość

Należy jednak pamiętać, że BMI nie uwzględnia składu ciała, takiego jak stosunek masy mięśniowej do tkanki tłuszczowej, ani innych czynników, takich jak rasa, płeć czy wiek. Dlatego nie powinno być stosowane jako jedyny wskaźnik oceny zdrowia i zawsze należy skonsultować się z lekarzem lub dietetykiem, aby uzyskać pełniejszą ocenę stanu zdrowia.

Kalorie dla określonej masy ciala

Kalorie to jednostka energii, która jest potrzebna do prawidłowego funkcjonowania organizmu. Potrzebujemy odpowiedniej ilości kalorii, aby nasz organizm mógł wykonywać codzienne czynności, takie jak chodzenie, bieganie, mycie zębów itp. W zależności od wieku, płci, wzrostu, wagi, poziomu aktywności fizycznej i innych czynników, nasze zapotrzebowanie na kalorie może się różnić.

Aby określić, ile kalorii potrzebujesz w ciągu dnia, możesz skorzystać z kalkulatora zapotrzebowania kalorycznego (dostępnego w internecie – „kalkulator kcal"). Wprowadź swój wiek, płeć, wzrost, wagę i poziom aktywności fizycznej, a kalkulator obliczy dla Ciebie zapotrzebowanie kaloryczne. Należy jednak pamiętać, że te obliczenia są tylko orientacyjne i nie uwzględniają indywidualnych potrzeb żywieniowych.

Rozdział 14

Kształtowanie nawyków

Dlaczego nawyki są ważne?

Nawyki są ważne, ponieważ pomagają nam utrzymać pewien poziom rutyny i kontroli nad naszym życiem. Dzięki nim możemy lepiej planować swoje działania i osiągać cele. Nawyki pomagają nam również uniknąć podejmowania trudnych decyzji każdego dnia, co może być męczące i stresujące.

Nawyki mogą również mieć wpływ na nasze zdrowie i dobre samopoczucie. Zdrowe nawyki, takie jak regularne ćwiczenia, zdrowa dieta i regularne godziny snu, mogą pomóc w utrzymaniu zdrowej wagi, poprawie samopoczucia i zmniejszeniu ryzyka wielu chorób, takich jak choroby serca, cukrzyca i niektóre nowotwory.

Niektóre nawyki mogą jednak być szkodliwe dla naszego zdrowia, takie jak palenie papierosów, nadużywanie alkoholu lub używanie narkotyków. Dlatego ważne jest, aby zdrowo kształtować swoje nawyki i unikać tych szkodliwych. Pamiętaj, że zmiana nawyków może być trudna i wymaga czasu i wysiłku, ale może być bardzo korzystna dla Twojego zdrowia i dobrego samopoczucia.

Nawyki a połączenia neuronalne

Nawyki są wynikiem powtarzających się działań i myśli, które tworzą specjalne połączenia neuronalne w mózgu. Gdy powtarzamy daną czynność lub myślimy o niej wielokrotnie, mózg tworzy specjalne połączenia między neuronami, co umożliwia nam wykonywanie tej czynności lub myślenie o niej automatycznie.

Przykład:

Jeżeli codziennie rano pijesz kawę, twój mózg tworzy połączenia między neuronami, które umożliwiają Ci automatyczne wykonywanie tej czynności bez konieczności myślenia o niej. To samo dotyczy innych nawyków, takich jak mycie zębów po każdym posiłku czy zakładanie paska po zapięciu spodni.

Zmiana nawyków wymaga zmiany tych połączeń neuronów lub tworzenia nowych połączeń. Może to wymagać czasu i wysiłku, ale jest to możliwe. Poprzez celowe działanie i powtarzanie nowych czynności lub myśli, możesz tworzyć nowe połączenia neuronów i zmieniać swoje nawyki.

Nawyki które mogą pomóc w radzeniu sobie z depresją:

Regularne ćwiczenia – aktywność fizyczna może pomóc poprawić nastrój i zmniejszyć objawy depresji. Możesz zacząć od małych kroków, takich jak spacer po parku lub joga w domu.

Zdrowa dieta– odżywianie się zdrowo może pomóc poprawić samopoczucie i zmniejszyć objawy depresji. Unikaj jedzenia produktów przetworzonych i zamiast tego wybieraj zdrowe, pełnowartościowe posiłki.

Regularne godziny snu – sen ma ogromny wpływ na samopoczucie i dobre funkcjonowanie organizmu. Spróbuj ustalić regularne godziny snu i dbaj o to, aby mieć wygodne i ciche miejsce dospania.

Unikanie używek – nadużywanie alkoholu lub innych używek może nasilać objawy depresji. Unikaj spożywania tych substancji.

Kontakt z bliskimi – bycie blisko ludzi, których kochasz i którzy Cię wspierają, może pomóc w radzeniu sobie z depresją. Spróbuj spędzać więcej czasu z rodziną i przyjaciółmi.

Aktywności relaksujące – znajdź sposób na relaks i odprężenie, taki jak medytacja, joga, czytanie lub słuchanie muzyki. Może to pomóc Ci złagodzić napięcie i stres, które mogą nasilać objawy depresji.

— Rozdział 15 -
Zachowania autodestrukcyjne

Zachowania autodestrukcyjne to działania, które są skierowane przeciwko sobie i mogą prowadzić do szkód fizycznych lub emocjonalnych.

Zachowania autodestrukcyjne obejmują m.in.:

- Samookaleczanie się (np. drapanie, nacinanie skóry, uderzanie się)
- Zażywanie narkotyków lub alkoholu w nadmiernych ilościach
- Zachowania samobójcze (np. myśli samobójcze, próby samobójcze)
- Ryzykowne zachowania (np. nieodpowiedzialne prowadzenie samochodu, hazard)

Zachowania autodestrukcyjne mogą być sposobem na radzenie sobie z trudnymi emocjami lub próbą ucieczki od bólu emocjonalnego

Samookaleczanie się podczas depresji

Samookaleczanie się to działanie skierowane przeciwko sobie, które może prowadzić do szkód fizycznych lub emocjonalnych. Osoby cierpiące na depresję mogą doświadczać zachowań autodestrukcyjnych, w tym samookaleczania się, jako sposobu na radzenie sobie z trudnymi emocjami lub próby ucieczki od bólu emocjonalnego. Samo okaleczanie się może obejmować drapanie, nacinanie skóry, uderzanie się lub inne działania, które prowadzą do szkód fizycznych.

Zażywanie narkotyków

Zażywanie narkotyków lub innych substancji psychoaktywnych jako sposobu na radzenie sobie z depresją lub innymi trudnymi emocjami jest niebezpiecznym i nieodpowiedzialnym zachowaniem. Substancje te mogą początkowo dawać chwilową ulgę lub uczucie euforii, ale długotrwałe ich zażywanie może prowadzić do poważnych problemów zdrowotnych i emocjonalnych, w tym uzależnienia i pogorszenia stanu psychicznego.

Zachowania ryzykowne

Zachowania ryzykowne to działania, które niosą ze sobą ryzyko szkód fizycznych lub emocjonalnych. Osoby cierpiące na depresję mogą być bardziej skłonne do podejmowania takich zachowań, ponieważ mogą mieć trudności z radzeniem sobie z emocjami i myślami oraz szukać ucieczki od bólu emocjonalnego.

Zachowania ryzykowne mogą obejmować:

1. Używanie narkotyków lub alkoholu – Używanie substancji psychoaktywnych może prowadzić do zaostrzenia objawów depresji lub innych problemów zdrowotnych i emocjonalnych.

2. Samookaleczenie – Samookaleczenie jest zachowaniem, w którym osoba dokonuje celowych uszkodzeń własnego ciała, takich jak cięcia w celu uwolnienia emocji lub złagodzenia cierpienia. Samookaleczenie może prowadzić do poważnych problemów zdrowotnych.

3. Samobójstwo – Depresja jest jednym z głównych czynników ryzyka samobójstwa. Osoby cierpiące na depresję mogą mieć myśli samobójcze lub uważać, że życie nie ma sensu.

4. Nieodpowiedzialne zachowania seksualne – Osoby cierpiące na depresję mogą również być narażone na nieodpowiedzialne zachowania seksualne, takie jak stosunki seksualne bez zabezpieczenia lub romansowanie z wieloma partnerami. Może to prowadzić do chorób przenoszonych drogą płciową lub nieplanowanej ciąży.

Myśli samobójcze towarzyszące depresji

Myśli samobójcze to myśli dotyczące popełnienia samobójstwa lub szukania sposobów na odebranie sobie życia. Osoby cierpiące na depresję mogą doświadczać takich myśli, ponieważ mogą mieć poczucie braku sensu w życiu, braku nadziei na poprawę swojej sytuacji oraz silny ból emocjonalny.

Przyczyny myśli samobójczych mogą być różne i mogą być związane zarówno z czynnikami osobowościowymi, jak i zewnętrznymi. Do czynników osobowościowych związanych z myślami samobójczymi mogą należeć:

- brak elastyczności myślenia
- brak umiejętności radzenia sobie z trudnymi emocjami
- niska samoocena
- brak umiejętności nawiązywania bliskich relacji

Zewnętrzne czynniki prowadzące do myśli samobójczych

- chorobę psychiczną, lub zaburzenia osobowości,
- trudne doświadczenia życiowe, takie jak śmierć bliskiej osoby.
- brak wsparcia emocjonalnego i społecznego,
- brak dostępu do odpowiedniej pomocy i leczenia.

Myśli samobójcze są poważnym problemem i wymagają natychmiastowej pomocy. Ważne jest, aby osoba, która doświadcza takich myśli, otrzymała odpowiednią pomoc i leczenie.

Może to obejmować terapię indywidualną lub grupową, leczenie farmakologiczne lub inne formy pomocy, takie jak terapia par lub rodzin. Ważne jest też, aby osoba miała wsparcie ze strony bliskich oraz aby była otoczona opieką i ochroną. Jedną z możliwości zapobiegnia przed próbami samobójczymi może być spisanie kontraktu na życie.

Kontrakt na życie

Niniejszy kontrakt ma na celu uregulowanie pewnych warunków i postanowień dotyczących pomocy oraz wsparcia Osobie Zagrożonej Samobójstwem przez Opiekuna w przypadku wystąpienia sytuacji zagrażającej jej życiu.

Zobowiązania Osoby Zagrożonej Samobójstwem:

a) Osoba Zagrożona Samobójstwem zobowiązuje się do powiadomienia Opiekuna o każdym przypadku, w którym odczuwa myśli samobójcze lub uważa, że jej życie jest w niebezpieczeństwie.

b) Osoba Zagrożona Samobójstwem wyraża zgodę na udzielenie Opiekunowi pełnych informacji dotyczących swojego stanu emocjonalnego, myśli samobójczych i wszelkich działań podejmowanych w tym kontekście.

c) Osoba Zagrożona Samobójstwem zobowiązuje się do podjęcia wszelkich możliwych kroków w celu otrzymania niezbędnej pomocy medycznej lub psychologicznej.

Zobowiązania Opiekuna:

a) Opiekun zobowiązuje się do udzielenia Osobie Zagrożonej Samobójstwem wsparcia emocjonalnego i moralnego w trudnych chwilach.

b) Opiekun zobowiązuje się do bezzwłocznego reagowania na każde powiadomienie o możliwości samobójstwa lub zagrożeniu życia Osoby Zagrożonej Samobójstwem.

c) Opiekun zobowiązuje się do współpracy z osobami odpowiedzialnymi za udzielanie pomocy osobom zagrożonym samobójstwem.

Procedury w przypadku wystąpienia zagrożenia:

a) Osoba Zagrożona Samobójstwem zobowiązuje się skontaktować z Opiekunem natychmiast po odczuciu myśli samobójczych lub zagrożenia życia.

b) Opiekun zobowiązuje się podjąć natychmiastowe działania w celu zapewnienia bezpieczeństwa Osoby Zagrożonej Samobójstwem, takie jak wezwanie pogotowia ratunkowego, udzielenie pierwszej pomocy lub skontaktowanie się z odpowiednimi służbami.

Wzór Kontraktu na życie

- Data sporządzenia: [data]
- Strony umowy:
- [Imię i nazwisko], zwany dalej "Osoba Zagrożona Samobójstwem"
- [Imię i nazwisko], zwany dalej "Opiekun"
- Przedmiot umowy:

Ja, [imię i nazwisko], zobowiązuję się do podjęcia działań zapobiegających samobójstwu. Rozumiem, że moje życie jest cenne i ważne, a moja obecność na tym świecie ma znaczenie dla moich bliskich.

W związku z tym, zobowiązuję się do:

1. Regularnego kontaktu z moim terapeutą oraz przestrzegania jego wskazówek i zaleceń odnośnie leczenia.

2. Natychmiastowego powiadomienia mojego terapeuty, opiekuna lub innej osoby bliskiej, gdy pojawią się u mnie myśli samobójcze lub jeśli odczuwam silne emocje, które mogą prowadzić do samobójstwa.

Zachowania autodestrukcyjne

3. Unikania sytuacji, które mogą prowadzić do pogorszenia mojego stanu emocjonalnego lub pogłębienia myśli samobójczych.

4. Zwracania się o pomoc w momencie, gdy poczuję się zagrożony i nie jestem w stanie poradzić sobie z samobójczymi myślami.

5. W przypadku nagłego pogorszenia mojego stanu emocjonalnego, zobowiązuję się do skorzystania z pomocy medycznej.

6. Zgłaszania każdej sytuacji, w której inna osoba znajduje się w niebezpieczeństwie samobójczym, do odpowiednich organizacji pomocy.

7. Przestrzegania wszelkich innych zaleceń i instrukcji mojego terapeuty lub innych osób zaangażowanych w moje leczenie.

W przypadku naruszenia któregokolwiek z punktów powyższego kontraktu, rozumiem, że moje bliskie osoby lub terapeuta mogą podjąć odpowiednie działania, w tym skontaktować się z służbami medycznymi lub porządkowymi, aby zapobiec samobójstwu.

Data: [data], Podpis: [imię i nazwisko]

Rozdział 16

Praca i Depresja

Depresja u przedsiębiorców

Depresja jest częstym problemem u przedsiębiorców i może mieć negatywny wpływ na ich biznes i osobiste życie. Depresja może mieć negatywny wpływ na firmę poprzez obniżenie wydajności, pogorszenie jakości pracy, trudności z podejmowaniem decyzji i brak motywacji.

Jak pracodawca powinien pomóc gdy dostrzega u swojego pracownika problem z depresją?

Aby zminimalizować negatywny wpływ depresji na pracę osoby zatrudnionej, ważne jest, aby pracownik cierpiący na depresję otrzymał odpowiednią pomoc i leczenie. Ważne jest, aby w miejscu pracy panowała atmosfera wsparcia i zrozumienia dla osób cierpiących na depresję oraz aby były dostępne narzędzia i programy wsparcia, takie jak programy zdrowia psychicznego. Pomoc powinna przede wszystkim obejmować terapię indywidualną lub grupową czy leczenie farmakologiczne.

Depresja u pracowników

Depresja jest częstym problemem u pracowników i może mieć negatywny wpływ na ich wydajność, jakość pracy i relacje z kolegami z pracy. Osoby cierpiące na depresję mogą mieć trudności z koncentracją i utrzymaniem uwagi, co może prowadzić do błędów i opóźnień w pracy. Depresja może też prowadzić do izolowania się od innych i pogorszenia relacji z kolegami z pracy, co może mieć negatywny wpływ na atmosferę w miejscu pracy.

Zawody najbardziej narażone na stres

Niektóre zawody mogą być bardziej narażone na stres i ryzyko wystąpienia depresji niż inne. Do takich zawodów można zaliczyć pracowników służby zdrowia, policjantów, strażaków, nauczycieli, pracowników socjalnych i pracowników sektora finansowego. Osoby zatrudnione w tych zawodach mogą być narażone na wysoki poziom stresu związanego z wykonywaniem obowiązków zawodowych, co może prowadzić do rozwoju depresji.

Wpływ pracoholizmu na rozwój depresji

Nie jest jasne, czy pracoholizm bezpośrednio prowadzi do depresji, ale nadmierne zaangażowanie w pracę może prowadzić do wielu negatywnych konsekwencji, w tym do problemów ze zdrowiem psychicznym. Osoby, które są uzależnione od pracy, mogą czuć się zmęczone i przytłoczone swoimi obowiązkami, co może prowadzić do stresu i wyczerpania emocjonalnego. W konsekwencji może to prowadzić do rozwoju depresji. Dlatego ważne jest, aby zachować równowagę między pracą a życiem prywatnym i zadbać o swoje zdrowie psychiczne.

Wpływ wypalenia zawodowego na rozwój depresji

Wypalenie zawodowe to stan, w którym osoba czuje się wyczerpana emocjonalnie, ma brak motywacji do pracy i jest narażona na wysokie ryzyko wystąpienia depresji. Osoby, które cierpią na wypalenie zawodowe, mogą mieć trudności z koncentracją, podejmowaniem decyzji i radzeniem sobie ze stresem, co może prowadzić do rozwoju depresji. Dlatego ważne jest, aby zapobiegać wypaleniu zawodowemu poprzez zapewnienie odpowiedniej równowagi pomiędzy pracą a życiem prywatnym oraz stosowanie skutecznych strategii radzenia sobie ze stresem.

MODUŁ 2 - ZABURZENIA LĘKOWE

Rodzaje zaburzeń lękowych

Zaburzenia lękowe są częstymi problemami psychicznymi, zwykle pojawiającymi się między 19 a 30 rokiem życia, a połowa pacjentów z tymi zaburzeniami ma też inne problemy, takie jak zaburzenia nastroju czy alkoholizm. Zaburzenia lękowe są szóstą przyczyną niepełnosprawności na świecie.

Lęk jest jednym z podstawowych uczuć, które każdy doświadcza w swoim życiu, ale czasami może on stać się nieadaptacyjny i utrudniać funkcjonowanie w pracy i życiu osobistym. Lęk jest głównym objawem zaburzeń lękowych, które można podzielić na różne rodzaje takie jak: uogólnione zaburzenia lękowe, zespół lęku panicznego, agorafobia, fobie specyficzne, fobia społeczna, lęk separacyjny i mutyzm wybiórczy. Te zaburzenia mogą mieć podłoże genetyczne lub środowiskowe, a objawy mogą obejmować ataki paniki, ruminacje, obsesje.

Definicja lęku w normie i patologii

Lęk jest uczuciem występującym zarówno w zdrowym organizmie jak i w przypadku patologii.

Lęk patologiczny, który jest nieodpowiedni do sytuacji lub nieproporcjonalny do bodźca, negatywnie wpływa na funkcjonowanie w codziennym życiu, takim jak praca czy relacje osobiste. Jest on głównym objawem grupy zaburzeń psychicznych znanych jako zaburzenia lękowe, które zakłócają normalne funkcjonowanie.

Różnica pomiędzy lękiem a strachem.

Lęk jest stanem emocjonalnym, który nie jest skierowany na konkretne zagrożenie lub źródło. Jest to odczuwanie nieuzasadnionego napięcia i niepewności. Natomiast strach jest reakcją na konkretne zagrożenie, które jest uzasadnione i zwykle skierowane przed czymś, kimś lub jakimś zdarzeniem. Strach jest typową reakcją na sytuację stresową i ma na celu mobilizację do działania, takiego jak ucieczka.

Lęk i strach są powiązanymi emocjami, które polegają na odczuwaniu zagrożenia przez człowieka. Obie emocje są skierowane na przyszłość, czyli na coś, co może się wydarzyć, a co jest przedmiotem naszego lęku lub strachu.

Lęk w różnych dziedzinach nauki

Poza psychologią, lęk jest również przedmiotem zainteresowania wielu innych dziedzin nauki. W teologii jest on analizowany jako ważny aspekt ludzkiej duchowości, natomiast w historii jest on rozważany jako element kultury i społeczeństwa w różnych okresach historycznych. W socjologii z kolei, lęk jest badany jako czynnik wpływający na zachowanie i relacje między ludźmi w różnych kontekstach społecznych W teorii Freuda, lęk jest rozumiany jako sygnał niebezpieczeństwa psychicznego, który może pojawić się, gdy nieświadome pragnienia zostaną zrealizowane. Według tej teorii, lęk jest mechanizmem obronnym przed przeżyciami, które mogą być dla jednostki traumą. Natomiast w egzystencjalizmie, lęk jest rozumiany jako reakcja emocjonalna na poczucie braku sensu, chaosu i niepewności świata, w którym żyjemy. Dla filozofów egzystencjalnych lęk jest naturalną konsekwencją faktu, że ludzie są świadomi własnej egzystencji i świadomi, że żyją tylko przez krótki okres czasu.

Definicje lęku

Definicja lęku nr1:

Lęk to niebezpieczeństwo, powstałe na skutek wyolbrzymionych czynników psychicznych, warunkujące bezradność i bezsilność własnych postaw.

Lęk jest powodowany przez wyolbrzymione czynniki psychiczne, które prowadzą do odczuwania bezradności i bezsilności w swoich postawach. Lęk pochodzi z naszych nieadekwatnych schematów myślenia i przekonań, które mogą prowadzić do izolacji i braku wsparcia ze strony innych. Poprzez pracę nad przekonaniami i schematami myślenia, możemy radzić sobie z lękiem, poprawiając swoje relacje z innymi i zwiększając swoje poczucie własnej mocy.

Definicja lęku nr2:

Lęk jest podstawowym elementem wielu zaburzeń psychicznych i oznacza odczuwanie wewnętrznego napięcia zarówno na poziomie psychicznym jak i fizycznym. Lęk jest ściśle związany z niepokojem bez konkretnego powodu, kiedy to człowiek nie jest w stanie określić źródła lęku.

Lęk stały – to stan trwającego niepokoju, który pojawia się bez konkretnego powodu.

Lęk napadowy – to nagłe ataki lęku, które są zwykle w towarzystwie licznych objawów somatycznych i innych lęków, na przykład przed śmiercią.

Lęk zlokalizowany – jest skoncentrowany na konkretnej sytuacji, zdarzeniu lub części ciała.

Definicja lęku nr 3:

Lęk jest podstawowym objawem nerwicy i może być uważany za czynnik patologiczny lub naturalny stan egzystencji człowieka. Nerwica lękowa składa się z kilku elementów, takich jak stany lękowe, napady lękowe, lękowe postawy i zachowania. Lęk objawia się poprzez wzmożone napięcie psychomotoryczne, silny, nieuzasadniony niepokój, objawy fizjologiczne, nieśmiałość oraz izolację społeczną.

Definicja lęku nr 4:

Lęk jest to zaburzenie charakteryzujące się trudnym do określenia niepokojem, któremu towarzyszą objawy somatyczne. Objawy tego typu jak zaburzenia rytmu serca, duszność czy problemy z układem pokarmowym potęgują pierwotny lęk, co skutkuje jego nasileniem. Innymi słowy, objawy somatyczne oraz pierwotny lęk wzajemnie się potęgują i kształtują wzajemnie.

Definicja lęku nr 5:

Lęk ma swoje źródło "wewnątrz każdego człowieka, w jego sumieniu i wyobraźni" oraz jest emocją pojawiającą się w sytuacji zagrożenia społecznego. Lęk jest efektem nauki, bazującym na pierwotnej, bezwarunkowej reakcji strachu, kształtującej się w ciągu ewolucji. Dodatkowo, wpływ na powstawanie lęków mogą mieć wzory z otoczenia, a ludzie są skłonni do przekazywania lęków, zwłaszcza w rodzinie. Najczęściej przekazywane lęki to lęk przed chorobą i agorafobia.

Definicja lęku nr6:

Lęk jest ważnym elementem obrazu klinicznego nerwicy lękowej. Nerwica lękowa to zaburzenie, którego głównym objawem jest lęk, który jest złożonym zjawiskiem, składa się z trzech składników: psychologicznego, motorycznego i wegetatywnego. Lęk w przypadku nerwicy objawia się jako nieuzasadniony, nieokreślony niepokój, który nie znika nawet wtedy, gdy zostanie usunięty potencjalny bodziec, mogący wywoływać ten stan.

Definicja lęku nr 7:

Lęk jest emocją, która pojawia się niespodziewanie i jest trudna do skonkretyzowania. Lęk jest uczuciem, którego przyczyna jest często niejasna i nie do końca zrozumiała dla samego człowieka, który go doświadcza, dlatego też nie jest w stanie wskazać precyzyjnie źródła swojego lęku.

Lęk jest emocją, która ma wiele aspektów i może objawiać się na różnych poziomach – somatycznym, emocjonalnym i behawioralnym. Objawy somatyczne to np. zmiany w układzie fizjologicznym, takie jak kołatanie serca czy pocenie się. Natomiast aspekt emocjonalny to uczucie przerażenia, paniki czy mdłości. Aspekt behawioralny dotyczy reakcji automatycznych oraz świadomych działań człowieka, które podejmuje w celu poradzenia sobie z sytuacją lub bodźcem zagrażającym.

Lęk jest uważany przez wielu teoretyków i praktyków za stan emocjonalny, który jest silnie związany z konfliktami wewnętrznymi oraz trudnościami w radzeniu sobie z nimi. Lęk może być skutkiem specyficznych właściwości psychicznych człowieka oraz różnych zaburzeń i jednostek chorobowych. Lęk jest często trudny do wytłumaczenia przyczynami zewnętrznymi i wymaga analizy wewnętrznego stanu człowieka.

Lęk jest stanem emocjonalnym, który może wynikać z różnych czynników, takich jak percepcja zagrożenia, konflikty intra psychiczne, oraz zaburzenia i jednostki chorobowe. Różne systemy, takie jak poznawczy, fizjologiczny, emocjonalny i behawioralny, mogą odgrywać rolę w przeżywaniu lęku. Lęk jest również stanem dynamicznym i może być traktowany jako normalny lub patologiczny, w zależności od indywidualnej sytuacji człowieka oraz od jego przeżycia oraz jego adekwatnej reakcji na dany bodziec.

Rodzaje lęku u dorosłych

Lęk może być również podzielony na specyficzny i niespecyficzny. Lęk specyficzny to lęk przed konkretnymi sytuacjami lub rzeczami, takimi jak np. lęk przed wysokością czy lęk przed zamkniętymi przestrzeniami. Natomiast lęk niespecyficzny to ogólne odczuwanie niepokoju, które nie jest skierowane na konkretną sytuację lub rzecz.

Lęk jest zjawiskiem skomplikowanym i jego przyczyny mogą być związane zarówno z czynnikami genetycznymi, jak i środowiskowymi, czy też poziomem neurotransmiterów w mózgu. Więcej niż jedna przyczyna może przyczynić się do powstawania lęku, dlatego diagnozowanie i leczenie lęku jest trudne i wymaga interdyscyplinarnego podejścia.

Lęk odczuwany

Lęk może mieć różne przyczyny, takie jak: genetyczne predyspozycje, doświadczenia z dzieciństwa, stres i trudne sytuacje w dorosłym życiu, zaburzenia hormonalne i neurologiczne, a także niektóre choroby somatyczne. Może też być wynikiem używania niektórych substancji, takich jak alkohol i narkotyki. Lęk jest częstym objawem wielu zaburzeń psychicznych, takich jak zaburzenia lękowe, depresja, zaburzenia obsesyjno-kompulsyjne i schizofrenia. Leczenie lęku może obejmować terapię poznawczo-behawioralną, farmakoterapię, psychoterapię oraz różne techniki relaksacyjne i medytacyjne.

Lęk domniemany

Lęk ukryty, czyli pośredni, objawia się poprzez różnego rodzaju dolegliwości psychosomatyczne, takie jak: bóle ciała, drętwienie, mrowienie, pobudzenie układu krwionośnego czy oddechowego. Taki lęk często jest trudny do zidentyfikowania, ponieważ nie jest on ściśle związany z konkretną sytuacją czy emocjom.

Warto wiedzieć:

Lęk domniemany jest formą lęku wtórnego, który jest związany z innymi zaburzeniami psychologicznymi lub somatycznymi. Może być manifestowany poprzez różne objawy somatyczne, takie jak dolegliwości bólowe, przyspieszony oddech czy pocenie się, a także przez przymusowe zachowania czy powtarzające się czynności. W przypadku lęku domniemanego ważne jest rozpoznanie przyczyny i leczenie zaburzenia podstawowego, aby móc efektywnie radzić sobie z objawami lęku.

Lęk ukryty

Lęk ukryty może się objawiać w różny sposób, w tym poprzez somatyczne reakcje, takie jak objawy fizjologiczne, a także poprzez zmiany w funkcjonowaniu procesów poznawczych, takich jak uwaga, pamięć, spostrzeganie, myślenie czy podejmowanie decyzji. Lęk ukryty może być trudny do zidentyfikowania, ponieważ jego źródło jest często niejasne i trudno jest je związać z konkretnymi bodźcami lub sytuacjami. W przypadku tego rodzaju lęku ważne jest, aby skonsultować się z psychologiem lub psychiatrą, aby ustalić przyczyny i rozpocząć odpowiednie leczenie.

Lęk wolno płynący

Lęk przewlekły jest długotrwałym stanem niepokoju i napięcia, który może trwać przez dłuższy czas i utrudniać codzienne funkcjonowanie. Jego objawy są podobne do tych, które pojawiają się podczas lęku napadowego, ale zazwyczaj są mniej intensywne. Lęk przewlekły jest często związany z różnymi zaburzeniami, takimi jak depresja, zespół stresu pourazowego, czy zaburzenia lękowe. Leczenie tego typu lęku obejmuje zarówno terapię farmakologiczną jak i psychoterapeutyczną

Lęk napadowy (paniczny)

Ataki lęku napadowego to ostre napady silnego lęku, któremu towarzyszą różnorodne objawy somatyczne i psychiczne. Są one nagłe i trwają zazwyczaj kilka minut do kilku godzin. Człowiek doświadczający ataku lęku napadowego czuje się przerażony i nie wie co się z nim dzieje. Ataki te mogą pojawiać się w różnych sytuacjach, mogą być bez oczywistej przyczyny lub powiązane z określonym bodźcem. Ataki lęku napadowego często są diagnozowane jako zaburzenie lękowe, takie jak fobia społeczna, napadowy lęk uogólniony lub lękowy zespół napadowy.

Lęk fobiczny (sytuacyjny)

Fobia jest rodzajem specyficznego lęku, który jest powiązany z konkretnym bodźcem lub sytuacją. Objawia się jako nieproporcjonalnie silna i irracjonalna reakcja lękowa w obliczu danego bodźca lub sytuacji. Fobia jest zazwyczaj związana z określoną sytuacją lub bodźcem, który jest unikany przez osobę, ponieważ jego obecność powoduje silne objawy lęku.

Agitacja

Agitacja jest często opisywana jako stan silnego niepokoju ruchowego i emocjonalnego, który może towarzyszyć różnym zaburzeniom psychicznym, takim jak zespół lęku uogólnionego, depresja, schizofrenia, a także różnego rodzaju stresie oraz niektórych chorobach somatycznych. Agitacja jest zwykle objawem występującym wraz z innymi objawami, takimi jak lęk, bezsenność, trudności z koncentracją i skupieniem uwagi

Lęk antycypacyjny

Lęk antycypacyjny jest rodzajem lęku połączonego z oczekiwaniem na negatywne wydarzenie, związane z konkretną sytuacją lub aktywnością. Może być skoncentrowany na określonych czynnościach takich jak przemawianie publiczne, wystąpienie w sądzie lub po prostu na konkretnych miejscach. Osoby doświadczające tego rodzaju lęku mogą unikać sytuacji, które mogą powodować taki lęk, co może ograniczać ich codzienne funkcjonowanie.

Warto wiedzieć

Lęk antycypacyjny jest często przyczyną unikania sytuacji, które wiążą się z niepokojem, ponieważ już samo myślenie o nich powoduje negatywne emocje. Może prowadzić do rozwoju fobii, jak również utrudniać funkcjonowanie w codziennym życiu, takie jak np. czesanie się, czy jedzenie. Jest to przejaw lęku przed utratą kontroli, który może być skutecznie leczony za pomocą terapii behawioralnej i poznawczej.

Zaburzenia lękowe wg ICD-11 I DSM-5

ICD-11 (International Classification of Diseases) klasyfikuje zaburzenia lękowe jako:

- Zaburzenie lękowe uogólnione (F41.1)
- Zaburzenie fobiczne (F40.2–F40.3)
- Zaburzenie obsesyjno–kompulsywne (F42)
- Zaburzenie paniczne z lub bez agorafobii (F41.0)
- Zaburzenie stresu pourazowego (F43.1)

DSM-5 (Diagnostic and Statistical Manual of Mental Disorders) klasyfikuje zaburzenia lękowe jako:

- Zaburzenie lękowe uogólnione (GAD)
- Zaburzenie fobiczne (FOB)
- Zaburzenie paniczne (PAN)
- Zaburzenie obsesyjno–kompulsywne (OCD)
- Zaburzenie stresu pourazowego (PTSD)
- Zaburzenie somatoformiczne lękowe (Somatic symptomdisorder)

Lęki nie dające się przypisać do konkretnych sytuacji (F41):

Lęki napadowe

Zwane też napadami paniki, charakteryzują się silnym przerażeniem, któremu towarzyszą fizyczne objawy, takie jak kołatanie serca, duszność, bóle głowy, trzęsące się ręce czy uczucie przerażenia. Napady paniki pojawiają się nagle i mogą trwać kilka minut do kilku godzin. Często towarzyszy im uczucie zagrożenia i chęć ucieczki. Lęki napadowe różnią się od fobii tym, że nie wiążą się z obiektem czy sytuacją, ale pojawiają się bez wyzwalającego czynnika, w sytuacjach stresowych, ale także w trakcie pogodnego nastroju. W związku z tym, lęki napadowe mogą pojawiać się bez jakiejkolwiek widocznej przyczyny.

Lęk uogólniony

Rodzaj chronicznego i bezproduktywnego lęku, który dotyczy różnych aspektów życia, jest to lęk nie związany z konkretną sytuacją czy obiektem. Osoby z GAD często skupiają się na codziennych sprawach i obawach, takich jak praca, finansowanie, zdrowie, rodzina, i czują się niespokojne i zdenerwowane przez długi czas. Mogą odczuwać objawy fizyczne, takie jak zmęczenie, problemy z trawieniem, bóle głowy, kołatanie serca. Te objawy mogą mieć negatywny wpływ na jakość życia i zdolność do codziennego funkcjonowania. Leczenie obejmuje terapię poznawczo–behawioralną, terapie farmakologiczne oraz inne podejścia, takie jak medytacja i relaksacja.

Lęk separacyjny

Lęk separacyjny to zaburzenie lękowe, które polega na silnym niepokoju i lęku przed rozstaniem z bliską osobą. Jest to zjawisko często spotykane u dzieci w wieku przedszkolnym, jednak może wystąpić także u osób dorosłych. Objawy tego zaburzenia to nieadekwatny lęk i strach przed rozstaniem, który może prowadzić do fizycznych objawów stresu. U dzieci jest to normalne zjawisko, jednak staje się patologiczne, gdy jest ono zbyt silne i trwa zbyt długo, co utrudnia normalne funkcjonowanie społeczne. Osoby cierpiące na lęk separacyjny mogą doświadczać silnego lęku lub paniki przed rozstaniem z rodzicami lub innymi bliskimi osobami, co prowadzi do unikania sytuacji, w których mogłoby do tego dojść. Mogą również odczuwać silne pragnienie bycia z opiekunami, a także skarżyć się na fizyczne objawy takie jak bóle brzucha, problemy z zasypianiem, lub trudności w koncentracji. W skrajnych przypadkach, lęk separacyjny może prowadzić do izolacji społecznej, trudności w nauce lub pracy, a nawet do depresji.

Lęk separacyjny jest uznawany jako oficjalne zaburzenie przez DSM i ICD. Osoby, które doświadczają silnego lęku przed rozstaniem, często cierpią z powodu objawów związanych z nerwicą, depresją i psychosomatyką. Mogą też korzystać z nieświadomych mechanizmów obronnych i celowej manipulacji, aby złagodzić lęk i utrzymać iluzję symbiotycznej relacji z osobą, z którą się rozstają. Mogą też stosować różne metody, aby uniknąć rozstania z osobą bliską, takie jak używanie mechanizmów obronnych czy manipulowanie sytuacją. Celem jest złagodzenie lęku i utrzymanie pozornej bliskości z tą osobą.

Lęk separacyjny jest normalnym zjawiskiem, kiedy dotyczy osób dorosłych, które przeżywają trudne sytuacje życiowe, takie jak śmierć bliskiej osoby. Jednak jeśli ten lęk jest zbyt silny, trwa zbyt długo i ma negatywny wpływ na funkcjonowanie osoby, jest to patologiczny stan i wymaga leczenia. W takim przypadku osoba ta może mieć trudności w budowaniu relacji z innymi, oraz radzenie sobie z tym lękiem. Lęk separacyjny jest zaburzeniem lękowym, które często pojawia się u dzieci, ale może być również diagnozowane u osób dorosłych. Oznacza to, że w momencie rozstania z bliską osobą, pacjent doświadcza silnego niepokoju i stresu, a także objawów fizycznych. Często osoby te nie są świadome swojego lęku i stosują różne mechanizmy obronne, takie jak zaprzeczanie, racjonalizacja czy wyparcie, aby sobie z nim radzić. Lęk separacyjny u dorosłych często był niedostrzegany i błędnie diagnozowany jako agorafobia czy zaburzenia osobowości.

Przyczyny

Przyczyny tego zaburzenia mogą być zarówno genetyczne, jak i środowiskowe. Badania sugerują, że podatność na lęk separacyjny może być dziedziczona, szczególnie u kobiet. Może być też związany z doświadczeniem ogromnego stresu, takiego jak zespół stresu pourazowego, lub z nadopiekuńczością rodziców w dzieciństwie. Style przywiązania tworzone we wczesnym okresie życia, takie jak lękowo–ambiwalentny lub unikowy, również mogą być czynnikami ryzyka.

Jeśli lęk separacyjny u dziecka nie jest leczony, może prowadzić do poważnych problemów osobowościowych w dorosłym życiu, takich jak zaburzenia granicy osobowości. Lęk separacyjny dotyczy rozluźniania więzi, więc często prowadzi do problemów związanych z relacjami międzyludzkimi. Lęk separacyjny jest również częstym przyczynkiem do innych zaburzeń, takich jak agorafobia czy zaburzenia paniczne w dorosłym życiu.

Psychoterapia dla osób doświadczających silnego lęku separacyjnego polega głównie na oswajaniu autonomii i uczeniu budowania relacji, które nie są symbiotyczne i nie trzeba ich niszczyć. Jest to proces, który może być długi, ponieważ towarzyszą mu silne mechanizmy obronne, które mają na celu chronić ego przed trudnymi treściami. W trakcie terapii mogą pojawić się różne sytuacje, np. gdy terapeuta planuje urlop, pacjent może poczuć się porzucony lub niechciany. W leczeniu lęku separacyjnego również stosuje się leki przeciwdepresyjne, popularnie zwane antydepresantami (np. benzodiazepiny), jednak zazwyczaj tylko u osób z ciężkimi objawami lub innymi symptomami. Leki uspokajające mogą pomóc w łagodzeniu doraźnych stanów lękowych, jednak poza preparatami ziołowymi mogą one powodować uzależnienie. Nie zaleca się ich stosowanie przez dłuższy czas bez konsultacji z lekarzem.

Opis przypadku:

Pan Jan, 25–letni mężczyzna, zgłosił się na terapię z powodu silnego lęku separacyjnego. Jego lęk dotyczył głównie jego relacji z rodzicami i partnerką. Jan opowiadał, że od dzieciństwa był bardzo związany z rodzicami i miał trudności z ich opuszczeniem, nawet na krótki czas. W dorosłym życiu, przy każdej próbie samodzielności i budowania własnej rodziny, lęk ten nasilał się. Jan opowiadał, że czuł się przytłoczony odpowiedzialnością za swoje decyzje i boi się, że jego partnerka lub rodzice zostawią go, jeśli nie będzie spełniał ich oczekiwań.

Podczas terapii Jan pracował nad rozwijaniem autonomii i budowaniem relacji, które nie są symbiotyczne. Terapeuta pomagał mu przezwyciężyć jego mechanizmy obronne, takie jak perfekcjonizm i brak zaufania do siebie, które utrudniały mu budowanie relacji. Jan również pracował nad radzeniem sobie z trudnymi emocjami, takimi jak lęk i gniew, które pojawiały się w momencie, gdy terapeuta planował urlop i przerwy w terapii.

Jan również brał leki przeciwdepresyjne, które pomagały mu radzić sobie z nasilonymi objawami lęku. Jednak leki te były stosowane jedynie jako tymczasowe wsparcie, a celem terapii było przede wszystkim rozwijanie umiejętności radzenia sobie z lękiem bez uzależnienia od leków.

Dzięki ciężkiej pracy i zaangażowaniu Jan zaczął odczuwać poprawę i był w stanie budować bardziej zdrowe relacje z rodzicami i swoją partnerką. Lęk separacyjny nadal był obecny, ale Jan był w stanie radzić sobie z nim w skuteczniejszy sposób.

Klasyfikacja zaburzeń lękowych WG DSM-5

Opublikowana przez Amerykańskie Towarzystwo Psychiatryczne przedstawia podział zaburzeń lękowych następująco:

- zaburzenia z napadami paniki (300.01),
- agorafobia (300.22),
- fobia swoista (300.29),
- fobia społeczna (300.23),
- mutyzm wybiórczy (313.23),
- zaburzenia lękowe uogólnione (300.02),
- separacyjne zaburzenia lękowe (309.21) – pacjent odczuwa lęk, gdy jest oddzielony od bliskiej osoby,
- zaburzenia lękowe spowodowane inną chorobą lub problemem zdrowotnym (293.84),
- zaburzenia lękowe wywołane substancją psychoaktywną/lekiem (292.89),
- inne określone (300.09) lub nieokreślone (300.00) zaburzenia lękowe – nie da się ich łatwo dopasować do poszczególnych grup zaburzeń.

W osobnej grupie DSM-5 kwalifikuje inne przyczyny lęku i objawów pokrewnych:

- zaburzenia obsesyjno-kompulsyjne,
- zaburzenia stresowe pourazowe – przedłużające się ostre zaburzenie stresowe,
- ostre zaburzenia stresowe,
- osobowość unikająca – unikanie relacji z powodu dużej nieśmiałości i wrażliwości na krytykę, z dolegliwościami lękowymi – związane z zaburzeniami depresyjnymi, zaburzenia z objawami somatycznymi i zaburzenia z lękiem przed chorobą.

Występowanie zaburzeń lękowych u dorosłych

Istnieje kilka różnych rodzajów zaburzeń lękowych, takich jak fobie, lęki napadowe, lęk uogólniony, zaburzenia obsesyjno-kompulsyjne, zaburzenia lękowe związane z separacją i zaburzenia stresu pourazowego, każde z nich ma swoje charakterystyczne objawy. Terapia polega na pracy nad rozpoznaniem i zrozumieniem objawów, nauczeniu technik radzenia sobie z nimi oraz pracy nad przyczynami i skutkami tych objawów. Terapia może być indywidualna lub grupowa. W razie potrzeby leczenie farmakologiczne jest również brane pod uwagę. Ważne jest, aby zaburzenia lękowe zostały zdiagnozowane i leczone przez specjalistę, aby uniknąć pogorszenia objawów i poprawić jakość życia.

W zależności od kraju i populacji badanej. Częstość występowania zaburzeń lękowych jest niższa w krajach rozwijających się, niż w krajach rozwiniętych. Warto też zauważyć, że częstość występowania zaburzeń lękowych jest związana z poziomem dochodów i poziomem urbanizacji, tzn. jest ona wyższa w krajach bardziej zurbanizowanych i bogatszych.

Wpływ pandemii na zwiększenie rozpowszechnienia zaburzeń lękowych jest związany z niepewnością i stresem związanym z zagrożeniem zdrowia i życia, zmianami w trybie życia i pracy, ograniczeniami w kontaktach społecznych oraz zwiększonym stresem finansowym. W związku z tym, ważne jest, aby uwzględnić te czynniki i zwiększyć dostępność opieki psychiatrycznej dla osób cierpiących na zaburzenia lękowe w okresie pandemii.

Pandemia COVID-19 przyniosła ze sobą wiele negatywnych skutków dla zdrowia psychicznego, w tym wzrost liczby osób cierpiących na zaburzenia lękowe. Wprowadzone ograniczenia dotyczące przemieszczania się, pracy zdalnej, zamknięcia szkół i placówek kulturalnych oraz trudności związane z dostępnością opieki zdrowotnej i ekonomicznych, spowodowały zwiększenie stresu i niepokoju u wielu osób. Ważne jest, aby uwzględnić te czynniki i zwiększyć dostępność opieki psychiatrycznej dla osób cierpiących na zaburzenia lękowe w okresie pandemii.

Zaburzenia lękowe są częściej rozpoznawane u kobiet niż u mężczyzn. Różnice te mogą być związane z różnicami hormonalnymi i biologicznymi między płciami, a także różnicami w sposobie radzenia sobie z trudnościami i stresem. Natomiast podobieństwem jest to, że obie płcie mogą cierpieć na różnego rodzaju zaburzenia lękowe.

Przedmiesiączkowe zaburzenie dysforyczne

Przedmiesiączkowe zaburzenie dysforyczne (PMDD) to poważne zaburzenie emocjonalne, które dotyka około 2-10% kobiet w wieku rozrodczym. Objawy PMDD są podobne do objawów zespołu napięcia przedmiesiączkowego (PMS), ale są znacznie silniejsze i mają bardziej negatywny wpływ na życie codzienne.

Objawy PMDD zwykle pojawiają się w okresie od 7 do 10 dni przed miesiączką i ustępują w ciągu kilku dni po jej rozpoczęciu.

Najczęstsze objawy PMDD to:

- Napięcie i ból piersi
- Bóle głowy
- Zaburzenia apetytu
- Zmęczenie
- Bezsenność
- Drażliwość i agresja
- Depresja, smutek i lęk
- Brak koncentracji
- Zwiększona wrażliwość na bodźce zewnętrzne

PMDD jest związane z cyklem miesiączkowym i zazwyczaj zaczyna się pojawiać u kobiet w wieku 20-30 lat. Naukowcy nie są jeszcze pewni, co dokładnie powoduje PMDD, ale uważa się, że jest to związane z wahaniem poziomu hormonów płciowych, takich jak estrogen i progesteron, w okresie przedmiesiączkowym.

Leczenie PMDD może obejmować zmiany stylu życia, takie jak dieta i ćwiczenia fizyczne, które pomagają zredukować objawy. W niektórych przypadkach stosuje się leki przeciwlękowe, leki przeciwdepresyjne i leki hormonalne, takie jak antykoncepcja hormonalna. Leki te pomagają w regulacji poziomu hormonów i zmniejszeniu objawów PMDD.

PMDD może znacząco wpływać na jakość życia kobiet dotkniętych tym zaburzeniem, dlatego ważne jest, aby zwrócić się o pomoc do lekarza lub specjalisty, jeśli objawy są ciężkie i utrudniają codzienne funkcjonowanie. Terapia psychologiczna i wsparcie emocjonalne mogą również pomóc w radzeniu sobie z objawami PMDD i poprawie samopoczucia.

— Rozdział 2 -
Przyczyny zaburzeń lękowych

Czynniki genetyczne mogą mieć wpływ na różne aspekty zaburzeń lękowych, takie jak podatność na stres, reakcja na bodźce lękowe oraz efektywność mechanizmów regulujących lęk. Wiele badań genetycznych wykazało, że występowanie zaburzeń lękowych jest skorelowane z polimorfizmami genetycznymi, jednakże nie jest to jedyny czynnik decydujący.

Czynniki środowiskowe, takie jak traumy, przemoc, wykluczenie społeczne, również odgrywają ważną rolę w rozwoju zaburzeń lękowych. Wielu badaczy zauważa, że zaburzenia lękowe są często reakcją na sytuację kryzysową w życiu, która przekracza zdolności regulacji emocji i radzenia sobie z problemami.

Inne czynniki środowiskowe, które mogą przyczyniać się do rozwoju zaburzeń lękowych, to na przykład: przebyty stres, traumy, nieprawidłowości w rozwoju neurobiologicznym, stresory życiowe, a także styl życia i poziom społecznego wsparcia. W niektórych przypadkach zaburzenia lękowe mogą być również skutkiem innych zaburzeń psychicznych, takich jak depresja, czy uzależnienie. Różne czynniki genetyczne i środowiskowe mogą również wpływać na indywidualną reakcję na różnego rodzaju stresory, co może prowadzić do rozwoju różnych rodzajów zaburzeń lękowych u różnych osób.

Czynniki genetyczne

Lęk jest naturalną reakcją organizmu na sytuacje stresowe i ma na celu ochronę przed zagrożeniem. Jednak u osób z zaburzeniami lękowymi, mechanizmy odpowiedzialne za lęk są przyspieszone lub nadmiernie aktywowane, co skutkuje pojawieniem się nieproporcjonalnie silnego lęku w obliczu sytuacji, która nie jest rzeczywiście groźna. Procesy neurofizjologiczne, takie jak poziom GABA, układ limbiczny i hormonalny, odgrywają ważną rolę w regulacji emocji i odpowiedzi na stres, dlatego ich nieprawidłowe działanie może przyczyniać się do powstawania zaburzeń lękowych. Badania wykazują, że u osób z zaburzeniami lękowymi, istnieją różnice w strukturze i funkcji tych struktur mózgu.

Ponadto, zaburzenia lękowe mogą być związane z nieprawidłowościami w funkcjonowaniu układu podwzgórze–przysadka–nadnercza (HPA), który odpowiada za reakcję na stres, a także nieprawidłowościami w funkcjonowaniu receptorów serotoninowych i noradrenergicznych.

Badania neuroobrazowe wykazują również, że osoby z zaburzeniami lękowymi charakteryzują się zwiększoną aktywnością w określonych regionach mózgu, takich jak ciało migdałowate, podwzgórze, kora cingulatywna i kora przed czołowa, odpowiedzialnych za emocje, pamięć i planowanie działań.

Czynniki środowiskowe

Czynniki środowiskowe, takie jak traumy, stresujące wydarzenia czy relacje z innymi ludźmi, mogą stymulować rozwój zaburzeń lękowych poprzez ich wpływ na psychologiczne i neurobiologiczne procesy. Czynniki indywidualne, takie jak cechy osobowości czy postawy, mogą również przyczyniać się do powstawania zaburzeń lękowych poprzez wpływ na sposób, w jaki jednostka radzi sobie z trudnymi sytuacjami czy emocjami. Substancje psychoaktywne, takie jak alkohol czy narkotyki, mogą nasilać objawy lęku.

Uogólnione zaburzenia lękowe (GAD)

Zaburzenia lękowe uogólnione, znane również jako GAD, to zespół lękowy, który pojawił się w klasyfikacji chorób psychicznych 35 lat temu. Jest to nerwica lękowa, która została opisana przez Freuda w 1884 roku i jest to trwały lęk o umiarkowanym nasileniu oraz napadami lęku, które są takie same jak te dzisiejsze. Osoby cierpiące na to zaburzenie donoszą o uczuciach lęku lub niepokoju, które są obecne przez większość czasu, z towarzyszącymi objawami somatycznymi i brakiem zdolności do relaksu.

Objawy uogólnionych zaburzeń lękowych

Zaburzenie lękowe uogólnione jest diagnozowane na podstawie spełnienia przynajmniej trzech z sześciu podstawowych objawów:

- Nadmierny lęk i zamartwianie przez co najmniej 6 miesięcy
- Zamartwianie się dotyczące wydarzeń i czynności życiowych, nie możliwe do kontrolowania
- Połączenie lęku i zamartwiania z co najmniej trzema objawami, takimi jak: niepokój, uczucie podenerwowania, zaburzenia funkcji poznawczych, drażliwość, napięcie mięśni, zaburzenia snu
- Brak przyczyny w innych zaburzeniach psychicznych
- Lęk, zamartwianie się oraz inne objawy mają istotny wpływ na funkcjonowanie w życiu rodzinnym i zawodowym
- Brak powiązania z nadużywaniem substancji psychoaktywnych, leków ani chorobami somatycznymi.

Według klasyfikacji ICD–10, rozpoznanie tego zaburzenia wymaga, aby lęk trwał przez co najmniej kilka tygodni, zazwyczaj kilka miesięcy.

Diagnozowanie zaburzenia lękowego uogólnionego (GAD) może być trudne, ponieważ objawy tego zaburzenia często są podobne do objawów innych chorób somatycznych. Dlatego ważne jest, aby wykluczyć choroby somatyczne, które mogą powodować podobne objawy, takie jak uczucie stałego napięcia. Pamiętaj, że każda choroba somatyczna jest również czynnikiem ryzyka dla rozwoju GAD.

Zamartwianie się jako symptom GAD

Zamartwianie się jest naturalnym zjawiskiem, które może pojawić się u każdego człowieka w różnych momentach życia. Jednak u osób z uogólnionym zaburzeniem lękowym (GAD), zamartwianie się jest oceniane jako dolegliwe i niekontrolowane, przekraczając granice zdrowego zamartwiania się. Terapeuta powinien być czujny na takie stwierdzenia pacjenta jak: "cały czas się martwię", "martwię się o wszystko", "nie mogę przestać się martwić", "martwię się cały czas". Ciekawym zjawiskiem jest, że przedmioty zmartwień osób z GAD często są podobne do przedmiotów zmartwień osób nie cierpiących na to zaburzenie.

Współchorobowość i objawy somatyczne uogólnionego zaburzenia lękowego (GAD)

Uogólnione zaburzenie lękowe (GAD) jest często występującym zaburzeniem psychicznym, które ma wysoką współchorobowość z innymi zaburzeniami psychicznymi. Do najczęściej występujących należą: epizody depresji, dystymia, zespół stresu pourazowego, napady lęku panicznego, fobia społeczna. Pacjenci z GAD często cierpią również na uzależnienie od alkoholu, substancji psychoaktywnych i nadużywają leków. Dodatkowo, GAD objawia się również licznymi dolegliwościami somatycznymi, takimi jak bóle głowy, drżenia, zawroty głowy, przyspieszony rytm serca, duszności, kołatanie serca, problemy gastryczne.

Zespół lęku panicznego

Zaburzenia lękowe z napadami paniki są jednymi z najczęstszych zaburzeń lękowych, obok uogólnionego zaburzenia lękowego (GAD) oraz fobii społecznej. Charakteryzują się one przewlekłym przebiegiem, który może znacznie pogorszyć jakość życia i funkcjonowanie chorego. Zespół lęku napadowego zaczyna się od napadu paniki, który pojawia się w sytuacji, którą pacjent interpretuje jako zagrożenie, np.

w samolocie, zwłaszcza tuż po starcie lub przed lądowaniem. Napady paniki mogą występować również w nocy, powodując, że pacjent budzi się z intensywnym lękiem.

Objawy i kryteria diagnostyczne napadów paniki według ICD–10

Zgodnie z kryteriami diagnostycznymi ICD–10, napad paniki jest okresem intensywnego niepokoju i dyskomfortu, który nagle się rozpoczyna, szybko narasta i trwa co najmniej kilka minut, ale nie dłużej niż dwie godziny.

Napadowi paniki towarzyszą objawy ze strony układu wegetatywnego, takie jak:

- uczucie kołatania serca,
- pocenie się,
- drżenie lub dreszcze,
- suchość w ustach.

Mogą pojawić się również objawy somatyczne związane z klatką piersiową i brzuchem, takie jak:
- trudności w oddychaniu,
- uczucie duszenia,
- bóle lub dyskomfort w klatce piersiowej,
- nudności lub nieprzyjemne doznania brzuszne.

Pacjent może również odczuwać

- zawroty głowy,
- brak równowagi,
- uczucie nierealności rzeczywistości,
- uderzenia gorąca lub
- drętwienie oraz swędzenie

Aby zdiagnozować zaburzenie lękowe z napadami paniki według ICD–10, należy stwierdzić:

kilka ciężkich napadów paniki w ciągu miesiąca, które pojawiają się w sytuacjach, w których brak jest obiektywnego zagrożenia, napady pojawiają się bez związku ze znaną lub przewidywaną sytuacją, występuje lęk oczekiwania (antycypacyjny). Rozpoznanie zaburzenia panicznego wymaga również wykluczenia podłoża somatycznego oraz innych chorób psychicznych lub zażywania substancji psychoaktywnych lub leków, które mogą powodować napady. Często towarzyszą im również zmiany zachowania związane z unikaniem sytuacji.

Terapia zaburzeń lękowych z napadami paniki

Leczenie zaburzeń lękowych z napadami paniki składa się z dwóch głównych elementów: psychoterapii i leczenia farmakologicznego. Psychoterapia poznawczo–behawioralna jest uważana za najskuteczniejszą metodą leczenia, ponieważ polega ona na zmianie negatywnych myśli i zachowań oraz nauce technik relaksacyjnych. Leki, takie jak benzodiazepiny i leki przeciwdepresyjne z grupy SSRI, mogą być stosowane, aby uzyskać doraźną poprawę lub długotrwałe leczenie, jeśli jest to konieczne i jeśli nie ma przeciwwskazań. Czasami leki i terapia mogą być stosowane równocześnie, aby uzyskać najlepsze efekty leczenia.

Agorafobia

Agorafobia to lęk przed miejscami otwartymi, tłumami i przestrzeniami publicznymi. Osoby z agorafobią boją się opuszczać swoje miejsce zamieszkania i unikają miejsc publicznych i środków transportu. Choroba ta zwykle rozpoczyna się we wczesnej dorosłości i dotyka ludzi z różnych środowisk, jednak częściej chorują na nią kobiety.

Osoby cierpiące na agorafobię odczuwają silny lęk, który jest trudny do opanowania, powodujący unikanie otwartych przestrzeni, miejsc publicznych i tłumów oraz środków transportu, często występuje u osób w wieku dorosłym, częściej dotyka kobiety. Pacjenci starają się unikać sytuacji, w których mogliby znaleźć się w takich miejscach i preferują spędzanie czasu w domu.

Zapamiętaj

Agorafobia jest lękiem przed przebywaniem w otwartej przestrzeni, opuszczeniem pomieszczeń i miejscami publicznymi, której główną cechą jest unikanie tych miejsc oraz środków transportu. Często rozpoczyna się w okresie wczesnej dorosłości, dotyka ludzi ze wszystkich środowisk, a dwukrotnie częściej chorują na nią kobiety. Jest to traktowane jako skutek napadów paniki, które związane są z okolicznościami, w których pacjent doznawał silnych objawów lękowych i przez to skojarzenie, pacjent chce unikać tych miejsc.

Lęk ten jest często wywoływany przez wcześniejsze doświadczenie napadu paniki w danym miejscu, co prowadzi do skojarzenia tego miejsca z lękiem i unikania go. Osoby z agorafobią boją się, że zemdleją, stracą kontrolę, dostaną zawału serca lub zostaną uwięzieni w danym miejscu. Często doznają nieprzyjemnych objawów fizycznych takich jak szybkie bicie serca, uderzenia gorąca.

Typowe myśli osoby z agorafobią to przede wszystkim obawa przed wyjściem z domu, przed przebywaniem w miejscach publicznych lub zatłoczonych środkach transportu, obawa przed wystąpieniem ataku paniki w miejscu, gdzie byłoby to krępujące lub trudno dostępnej pomocy, obawa przed omdleniem lub utratą kontroli, obawa przed oceną innych ludzi, obawa przed brakiem możliwości ucieczki z danego miejsca. Często pojawiają się myśli dotyczące tego, że nie będzie miał kto pomóc w trudnej sytuacji oraz że sytuacja będzie krępująca.

Innymi konsekwencjami agorafobii mogą być również problemy związane z zatrudnieniem, utrudnienia w podejmowaniu decyzji dotyczących zmiany pracy czy miejsca zamieszkania, a także trudności w kontaktach z rodziną i przyjaciółmi. Mogą pojawiać się również trudności w podejmowaniu decyzji dotyczących opieki medycznej, co może prowadzić do opóźnienia w leczeniu innych chorób. Agorafobia może także prowadzić do zwiększenia ryzyka zażywania substancji uzależniających, co w konsekwencji może prowadzić do poważniejszych problemów zdrowotnych. Wszystko to sprawia, że agorafobia jest poważnym zaburzeniem, które wymaga skutecznego leczenia, aby zapobiec negatywnym konsekwencjom dla jakości życia pacjenta.

Leczenie agorafobii

Jednym z ważniejszych elementów leczenia agorafobii jest tzw. desensytyzacja, czyli stopniowe zwiększanie tolerancji na sytuacje, które wywołują lęk. Jest to proces, który polega na przebywaniu w sytuacjach, które wywołują lęk, w celu przyzwyczajenia do nich i stopniowego zmniejszania lęku. Terapeuta pomaga pacjentowi przygotować się do tych sytuacji i nauczyć technik radzenia sobie z lękiem.

Leczenie agorafobii powinno być dostosowane indywidualnie do potrzeb pacjenta i składać się z połączenia psychoterapii i leczenia farmakologicznego. Leczenie farmakologiczne obejmuje stosowanie leków przeciwdepresyjnych i przeciwlękowych, takich jak benzodiazepiny.

Opis przypadku:

Pacjent Jan, jest mężczyzną w wieku 35 lat. Zgłasza się do lekarza z powodu silnego lęku przed otwartymi przestrzeniami i tłumami. Opowiada, że od kilku lat unika wychodzenia z domu, jeśli tylko nie jest to absolutnie konieczne, i że nie może przebywać w miejscach takich jak centra handlowe, stacje kolejowe czy parki. Czuje się tam przytłoczony, ma duszności i panikę. W takich sytuacjach czuje się bezpiecznie tylko wtedy, gdy jest z bliską osobą, która jest dla niego oparciem. Pacjent twierdzi, że jego lęk ma wpływ na jego codzienne życie, ponieważ nie może normalnie funkcjonować i unika wielu sytuacji społecznych, co jest dla niego bardzo trudne.

Mutyzm wybiórczy

Mutyzm wybiórczy to zaburzenie lękowe, w którym osoba mówi tylko w wybranych sytuacjach, a w innych milczy. Milczenie nie jest spowodowane brakiem umiejętności mówienia lub niechęcią do języka, lecz często wynika z silnego lęku społecznego. Zaburzenie to rozwija się zwykle we wczesnym dzieciństwie między 2 a 5 rokiem życia, ale może również dotyczyć dorosłych i nie znika z wiekiem, wówczas mówimy o mutyzmie wybiórczym u dorosłych.

Zgodnie z DSM-5, opisywany zespół psychopatologiczny może być diagnozowany w każdym etapie rozwoju człowieka, pod warunkiem, że nie znajdzie się lepszego wyjaśnienia objawów przez zaburzenie komunikacji (zaburzenie języka i/lub mowy). To zaburzenie lękowe o podłożu genetycznym polega na braku komunikacji w wybranych miejscach, pomimo posiadania pełnych możliwości mówienia. Dlatego też kontakty społeczne osób cierpiących na to schorzenie są mocno utrudnione i uważane za bardzo męczące, ponieważ często czują one, że ich otoczenie ma wobec nich pewne oczekiwania, którym nie są w stanie sprostać. Ich zachowanie często jest mylone z nieśmiałością, jednak rzeczywistość jest bardziej złożona i związana z innymi czynnikami oraz temperamentem danej osoby.

Objawy mutyzmu wybiórczego:

• Milczenie w sytuacjach społecznych lub w miejscach publicznych, takich jak szkoła, przedszkole, kościół, sklep czy u lekarza, podczas gdy dana osoba jest w stanie mówić w innych sytuacjach, takich jak w domu czy w gronie rodziny.

• Opóźnienie w rozwoju mowy lub brak w sytuacjach publicznych.

• Brak reakcji na prośby o odpowiedź lub zabawę z innymi dziećmi.

• Stosowanie gestów, mimiki lub innych form komunikacji niewerbalnej, aby zastąpić brak mowy.

• Silny lęk przed mówieniem w publicznych sytuacjach.

• Unikanie sytuacji, w których mówienie jest wymagane.

• Lęk przed oceną innych ludzi.

• Problemy z nauką i słabą interakcją społeczną.

• Niepokój lub depresja.

• Objawy somatyczne, takie jak drżenie, duszność, bóle brzucha, bóle głowy, problemy z trawieniem

Osoby dorosłe cierpiące na mutyzm wybiórczy charakteryzują się wycofaniem, trudnościami w przystosowaniu się do rzeczywistości oraz skłonnością do milczenia. W oczach innych mogą być postrzegane jako źle wychowane lub dziwne. Często decydują się na zawody, które nie wymagają kontaktu z innymi ludźmi. Mogą mieć trudności w budowaniu bliskich relacji z innymi. Dzięki terapii poznawczo-behawioralnej mogą rozwijać swoje umiejętności społeczne i normalnie funkcjonować w codziennym życiu.

Czynniki, które mogą przyczynić się do rozwoju mutyzmu wybiórczego:

Czynnik genetyczny – Mutyzm wybiórczy może być dziedziczny, co oznacza, że osoby, które cierpią na to zaburzenie, mogą mieć skłonności genetyczne do rozwoju tego zaburzenia.

Trauma – Mutyzm wybiórczy może być spowodowany traumą, taką jak przemoc domowa, molestowanie seksualne, utrata bliskiej osoby lub inne trudne doświadczenia.

Czynnik neurobiologiczny – Mutyzm wybiórczy może być spowodowany przez problemy z układem nerwowym, takie jak trudności z kontrolowaniem emocji lub problemami z pamięcią.

Czynnik środowiskowy – Mutyzm wybiórczy może być spowodowany przez trudne doświadczenia w środowisku, takie jak przemoc w szkole, niepokój społeczny lub brak wsparcia w rodzinie.

Czynnik psychologiczny – Mutyzm wybiórczy może być spowodowany przez problemy związane z lękiem, takie jak lęk społeczny, fobia społeczna lub zaburzenie osobowości.

Opis przypadku

Pacjent, 7–letni chłopiec, zgłosił się do lekarza z powodu trudności z mówieniem w szkole. Rodzice pacjenta zgłosili, że chłopiec jest bardzo hałaśliwy i rozmowny w domu, ale w szkole milczy i nie odpowiada na pytania nauczyciela. Pacjent unika też kontaktu z innymi dziećmi w szkole i często przebywa sam. Rodzice pacjenta twierdzą, że odkąd chłopiec poszedł do szkoły, ich syn stał się bardziej nieśmiały.

Podczas badania pacjent był skłonny do milczenia, ale po krótkim czasie rozmowy z lekarzem, chłopiec zaczął się otwierać i mówić. Lekarz zdiagnozował u pacjenta mutyzm wybiórczy i zalecił terapię poznawczo–behawioralną. Terapia ta polegała na pracy nad lękiem pacjenta związanym z mówieniem w szkole oraz na budowaniu pewności siebie i umiejętności społecznych. Po kilku tygodniach terapii pacjent zaczął mówić w szkole i stał się bardziej aktywny i otwarty na kontakty z innymi dziećmi.

Lęk jest traktowany jako zespół czynników psychicznych, wegetatywnych i behawioralnych, które mogą występować razem lub o różnym nasileniu, a nawet mogą się maskować. Objawy mogą się różnić w zależności od rodzaju zaburzenia lękowego. Na przykład, w przypadku zaburzeń lęku napadowego, można zaobserwować więcej objawów somatycznych, a w przypadku fobii – więcej objawów behawioralnych.

— Rozdział 3 -
Objawy behawioralne związane z lękiem

Wśród objawów behawioralnych związanych bezpośrednio z zachowaniem, można zauważyć:

- tendencję do unikania sytuacji mogących wywołać lęk,
- zachowania polegające na ucieczce,
- zwiększone pobudzenie,
- poszukiwanie wsparcia u innych,
- zastyganie w bezruchu lub trudności z mówieniem,
- fugę (ucieczkę histeryczną)
- stupor (osłupienie, brak reakcji)
- mutyzm.

Innymi objawami związanymi z lękiem mogą być:

Agresja – osoba może próbować rozładować swój lęk poprzez agresję wobec innych ludzi lub rzeczy.

Obwinianie innych – osoba może próbować przerzucić odpowiedzialność za swój lęk na innych ludzi.

Nałogi – osoba może próbować złagodzić lęk poprzez zażywanie narkotyków, alkoholu lub palenie papierosów.

Zaburzenia snu – lęk może prowadzić do trudności z zasypianiem, bezsenności lub koszmarów sennych.

Zaburzenia jedzenia – lęk może powodować problemy z jedzeniem, takie jak anoreksja lub bulimia.

Zaburzenia somatyczne – lęk może objawiać się fizycznie, takie jak bóle głowy, nudności, zawroty głowy lub problemy trawienne.

Objawy w sferze emocjonalnej

Grupa objawów dotyczących sfery emocjonalnej, obejmuje objawy emocjonalne takie jak: obawa, martwienie się, uczucie zagrożenia, przerażenie, drażliwość, wewnętrzny niepokój, myśli dotyczące możliwej utraty panowania nad sobą, strach przed popadnięciem w obłęd, bezradność, negatywna ocena innych osób, myśli dotyczące strachu przed uszkodzeniem ciała, groźną chorobą lub śmiercią. Objawy w sferze poznawczej

Grupa objawów dotyczących sfery poznawczej obejmuje: trudności w koncentracji uwagi, zaburzenia pamięci, derealizację i depersonalizację, zmęczenie, trudności w logicznym rozumowaniu, utratę obiektywnego spojrzenia na rzeczywistość, trudności z zapamiętywaniem/ odpamiętywaniem, trudności z koncentracją na monitorowaniu sygnałów zagrożenia oraz poczucie wyobcowania/odrealnienia.

Objawy w sferze psychologicznej

Grupa objawów dotyczących sfery psychologicznej obejmuje: uczucie napięcia, niepokoju, zagrożenia, pustki w głowie, nadmierną czujność, stałą drażliwość, mówienie o lęku, koszmary senne, fantazje lękowe.

Objawy w sferze społecznej

Grupa objawów dotyczących sfery społecznej obejmuje: zmniejszenie lub zwiększenie aktywności, zwiększenie zależności od innych, zachowania infantylne w stosunku do wieku rozwojowego, nadmierną wstydliwość, nieadekwatne zachowanie wobec różnych sytuacji społecznych.

Objawy wegetatywno-somatyczne

Objawy wegetatywno-somatyczne są często związane z zaburzeniami lękowymi i polegają na objawach fizjologicznych, które mogą być wynikiem reakcji organizmu na stres. Objawy te obejmują: przyspieszone bicie serca, szybki i krótki oddech, uczucie ucisku lub bólu w klatce piersiowej, zawroty głowy, pocenie się, dreszcze, uderzenia gorąca, nudności, biegunkę, drżenie mięśni, drętwienie w kończynach, osłabienie, napięcie mięśni, suchość w ustach czy uczucie dławienia się. Inne objawy to hiperwentylacja, uczucie braku oddechu, kula w gardle, wzmożenie odruchów, parestezje, bóle mięśni, ból i zawroty głowy, uczucie ściskania lub lekkości w głowie, zaburzenia snu. Niektóre z tych objawów mogą być również objawami wzbudzenia autonomicznego, takie jak: szerokie źrenice, suchość w ustach, kołatanie i bóle w klatce piersiowej, tachykardia, zaburzenia rytmu serca, rozstrój żołądka i biegunka, częste oddawanie moczu, obfite pocenie się, chłodna i lepka skóra, zaczerwienienie lub bladość skóry.

Ataki paniki

Ataki paniki to epizody intensywnego lęku lub dyskomfortu, które rozpoczynają się nagle, osiągają maksymalne nasilenie w krótkim czasie i trwają od kilku do kilkudziesięciu minut. Zaburzenie lękowe z napadami paniki, według klasyfikacji ICD-10, to powtarzające się ataki paniki, które nie są na stałe związane z konkretną sytuacją lub obiektem, lub występują spontanicznie (epizody są nieprzewidywalne), nie są także związane ze znacznym wysiłkiem lub narażeniem na sytuacje niebezpieczne lub zagrażające życiu. Atakom paniki mogą towarzyszyć objawy somatyczne i psychiczne z czterech obszarów: pobudzenia autonomicznego, klatki piersiowej i brzucha, mózgu i umysłu, objawy ogólne.

Objawy pobudzenia autonomicznego przy atakach paniki:

- drżenie ciała
- kołatanie serca
- pocenie się oraz suchość w ustach

Objawy związane z klatką piersiową i brzuchem:

- ból lub dyskomfort w klatce piersiowej
- trudności w oddychaniu
- uczucie dławienia
- nudności i bóle brzucha
- gniecenie w żołądku

Objawy dotyczące mózgu i umysłu:

- poczucie, że rzeczy zewnętrzne są nierealne
- zawroty głowy
- strach przed utratą kontroli, świadomości czy śmiercią

Inne objawy nie zakwalifikowane do powyższych grup to:

- uderzenia gorąca i zimna
- drętwienie
- uczucie mrowienia.
-

Zaburzenie lękowe z napadami paniki nie jest rozpoznawane, jeśli jest spowodowane przez organiczne zaburzenia psychiczne, inne poważne zaburzenia psychiczne (schizofrenia i inne zaburzenia psychotyczne, zaburzenia nastroju), zaburzenia somatyczne, choroby somatyczne oraz substancje psychoaktywne. Jeśli napady paniki pojawiają się średnio raz w tygodniu, zaburzenie ma umiarkowane nasilenie, jeśli cztery razy w tygodniu – ciężkie. Granice łagodnego nasilenia nie są określone. Decydujący jest poziom dyskomfortu lub cierpienia psychicznego.

— Rozdział 4 -
Fobie

Fobie (F40) wg ICD-10 to lęk wywołany czymś obiektywnie niegroźnym.

Najczęściej występujące fobie:

Fobia społeczna

Fobia społeczna to zaburzenie emocjonalne, które jest jednym z najczęściej występujących na świecie. Często jest ona niezauważalna i niejednoznaczna, ponieważ brak wiedzy na jej temat skłania do mylenia jej z nieśmiałością lub indywidualnym charakterem. Według statystyk, ofiarami fobii społecznej częściej padają kobiety. To zaburzenie może się rozwijać między 12 a 18 rokiem życia, jednak może pojawić się również wcześniej lub później. Osoby bardziej narażone na fobię społeczną to te, które z natury są samotnikami, neurotykami, introwertykami i unikają spotkań z innymi ludźmi. Nie widzą one problemu i uważają, że taki jest ich styl życia. Strach przed nawiązywaniem kontaktów z innymi ludźmi powoduje, że unikają także konsultacji z psychologami lub psychoterapeutami, co utrudnia diagnozowanie fobii społecznej.

Skutki fobii społecznej

Fobia społeczna może prowadzić do unikania różnych sytuacji społecznych, takich jak praca zespołowa, udział w spotkaniach, spotkania towarzyskie, randki czy nawet wyjście z domu. Osoby dotknięte tym zaburzeniem mogą mieć trudności w nauce czy w pracy, ponieważ unikają sytuacji, w których muszą wystąpić przed publicznością lub rozmawiać z innymi. Może to prowadzić do izolacji społecznej, braku poczucia własnej wartości i depresji.

Fobia społeczna jest zaburzeniem, które objawia się silnym lękiem wobec sytuacji społecznych. Przyczyny tego zaburzenia nie są jednoznaczne, jednak istnieje kilka teorii, które mówią o wpływie czynników biologicznych, społecznych i psychologicznych oraz genetycznych. Badania sugerują, że osoby, których rodzina cierpiała na fobię społeczną, są bardziej podatne na to zaburzenie. Czynniki środowiskowe, takie jak prześladowanie czy przemoc w dzieciństwie, czy nadmierna opiekuńczość rodziców, mogą przyczynić się do rozwoju fobii społecznej. Dziecko, które jest nadmiernie chronione przez rodziców, może odczuwać lęk przed światem zewnętrznym i nie radzi sobie z normalnymi sytuacjami społecznymi, ponieważ nie miało okazji do ich przetestowania i nauczenia się odpowiednich zachowań. Brak umiejętności radzenia sobie z sytuacjami społecznymi, może prowadzić do unikania kontaktów z innymi ludźmi, co z kolei może prowadzić do izolacji społecznej i innych problemów zdrowotnych.

Różne rodzaje fobii

- Agorafobia – lęk przed otwartymi przestrzeniami lub sytuacjami, w których możliwe jest uciekanie.
- Arachnofobia – lęk przed pająkami.
- Aviophobia – lęk przed lataniem.
- Acrofobia – lęk przed wysokością.
- Klaustrofobia – lęk przed małymi, zamkniętymi przestrzeniami.
- Hemofobia – lęk przed krwią.
- Entomofobia – lęk przed owadami.
- Zoofobia – lęk przed zwierzętami.

Specyficzne postacie fobii

Osoba z fobią specyficzną unika takiej sytuacji lub kontaktu z przedmiotem, ponieważ boi się, że ponowne zetknięcie się z nim spowoduje napad lęku. Przykłady fobii specyficznych to fobia społeczna, fobia przed pająkami, fobia przed krwią czy fobia przed lataniem. Leczenie fobii specyficznych polega na pracy z terapeutą, który pomaga pacjentowi nauczyć się radzić z lękiem, a także na leczeniu farmakologicznym z użyciem leków przeciwlękowych.

Fobie związane z chorobami mogą prowadzić do zaburzeń i urojeń, a także powodować konkretne objawy somatyczne, takie jak na przykład omdlenia. Osoby z fobią unikają sytuacji lub przedmiotów, które powodują u nich przerażenie, nawet myśl o nich powoduje lęk antycypacyjny. Poziom lęku pozostaje wysoki niezależnie od postrzegania sytuacji przez innych. Osoby cierpiące na fobię zdają sobie sprawę z nieadekwatności swoich reakcji emocjonalnych czy zachowań ucieczkowych, ale mimo to wszelkimi sposobami starają się unikać sytuacji lękotwórczych. Leczenie fobii polega na oddziaływaniach psychologicznych i psychoterapeutycznych, a także w razie potrzeby na farmakoterapii. Jest to ważne aby walczyć z fobią, ponieważ może ona wpływać na jakość życia, uniemożliwiają codzienne funkcjonowanie.

Rodzaje fobii dotyczących przedmiotów lub sytuacji:

fobie przed zwierzętami –takimi jak psy, koty, ptaki, węże, szczury czy owady. Te fobie zwykle pojawiają się we wczesnym dzieciństwie i z wiekiem ustępują.

fobie przed środowiskiem naturalnym – takie jak brud, wysokość, ciemność, wiatr, pioruny, woda czy prąd. Te fobie również zwykle pojawiają się we wczesnym dzieciństwie i są równie częste u kobiet jak i u mężczyzn.

fobie sytuacyjne – takie jak lęk przed windami, mostami, podróżami samolotem, tunelem, zamkniętymi pomieszczeniami, czy środkami transportu publicznego. Te fobie zwykle pojawiają się w dzieciństwie lub wczesnej dorosłości i są częstsze u kobiet niż u mężczyzn.

fobie przed krwią, zastrzykami, skaleczeniem – Dotyczą sytuacji związanych z widokiem krwi, z zastrzykami, ranami i powodują specyficzne reakcje organizmu, takie jak przyspieszenie tętna, następnie gwałtowne spowolnienie, spadek ciśnienia krwi, mdłości, zawroty głowy lub omdlenia. Te fobie zwykle pojawiają się w późnym dzieciństwie i są częstsze u kobiet niż u mężczyzn.

fobie przed chorobą lub śmiercią – która dotyczy lęku przed zadławieniem się, zwymiotowaniem lub zarażeniem chorobą. Ta fobia jest częstsza w wieku średnim. Warto zauważyć, że każda fobia jest indywidualna i może mieć różne objawy.

Nietypowe przykłady fobii

- Fobia przed ciemnością (nyktofobia)
- Fobia przed dźwiękiem (ligyrofobia)
- Fobia przed ruchami (kinetofobia)
- Fobia przed pająkami (arachnofobia)
- Fobia przed wysokimi prędkościami (velocitofobia)
- Fobia przed kolorami (chromatofobia)
- Fobia przed dziurami (trypofobia)
- Fobia przed słowami (logofobia)
- Fobia przed jedzeniem (sitofobia)
- Fobia przed niedoskonałościami (atychiphobia)
- Fobia przed wodą (aquaphobia)
- Fobia przed włosami (trichofobia)
- Fobia przed komputerem (cyberfobia)
- Fobia przed działaniem (ergofobia)

- Fobia przed mówieniem przed publicznością (glossophobia)
- Fobia przed tłumami (agoraphobia)
- Fobia przed wodą (hydrofobia)
- Fobia przed nieznanymi rzeczami (xenofobia)
- Fobia przed otwartymi przestrzeniami (agoraphobia)
- Fobia przed błotem (myxophobia)
- Fobia przed kłamstwem (mythophobia)
- Fobia przed własnym ciałem (autophobia)
- Fobia przed ciałami obcymi (heterophobia)
- Fobia przed pustką (kenophobia)
- Fobia przed jednostronnością (parthenophobia)
- Fobia przed własnym cieniem (sciophobia)
- Fobia przed światłem (photophobia)

Kryteria DSM V i ICD 10

Fobia społeczna, zgodnie z kryteriami ICD–10, rozpoznawana jest na podstawie nasilonego lęku i unikania sytuacji, które pacjent uważa za upokarzające. Powinny wystąpić przynajmniej dwa objawy lęku oraz jeden z objawów fizycznych, takich jak czerwienienie się czy drżenie rąk. Objawy powinny nasilać się szybko w sytuacji stresowej i powodować znaczny stres. Muszą być one także niezwiązane bezpośrednio z innym zaburzeniem psychicznym i nie być kulturowo uwarunkowane. Kryteria DSM–IV są podobne, jednak wymagają również spełnienia kryterium czasu trwania – zaburzenie musi trwać przynajmniej 6miesięcy.

Leczenie fobii społecznej

Leczenie fobii społecznej polega głównie na psychoterapii indywidualnej, która pozwala na przezwyciężenie lęku poprzez interakcje z terapeutą. Dzięki temu łatwiej jest zrozumieć przyczyny problemu i przełamać swoje ograniczenia. Terapia poznawczo–behawioralna pozwala skupić się na rzeczywistych przyczynach problemu i zmienić sposób myślenia. Trening umiejętności społecznych (TUS) polega na systematycznym szkoleniu umiejętności niewerbalnych i werbalnych, takich jak kontakt wzrokowy, przyjazna postawa, rozpoczynanie rozmów, przekazywanie informacji zwrotnej i zadawanie pytań. Umiejętności te są ćwiczone w sesjach terapeutycznych i w zadaniach domowych, co pozwala na przyzwyczajenie lub odrzucenie negatywnych przekonań.

Opis przypadku:

Przypadek pacjenta z fobią społeczną, który zgłasza się na terapię to młody mężczyzna, który od kilku lat zmaga się z silnym lękiem przed sytuacjami społecznymi. Pacjent opowiada, że jego lęk dotyczy głównie sytuacji, w których jest obiektem uwagi innych ludzi, takich jak wystąpienia publiczne, rozmowy z nieznajomymi czy nawet spotkania towarzyskie. Pacjent przyznaje, że unika takich sytuacji jak tylko może, co ma negatywny wpływ na jego relacje z rodziną i przyjaciółmi, a także na jego karierę zawodową.

Podczas sesji pacjent opowiada o swoich doświadczeniach z dzieciństwa, w którym zawsze był nieśmiały i skryty, a jego rodzice byli nadopiekuńczy. Pacjent wspomina, że zawsze czuł się niepewnie w sytuacjach społecznych i miał trudności z nawiązywaniem kontaktów z rówieśnikami.

Podczas terapii pacjent pracuje nad swoim lękiem poprzez ćwiczenia takie jak rozmowy z nieznajomymi, wystąpienia publiczne i praca nad swoim wizerunkiem. Pacjent także pracuje nad swoimi negatywnymi myślami i przekonaniami, które utrzymują jego lęk. Poprzez regularne sesje pacjent zaczyna zauważać poprawę swojego stanu

— **Rozdział 5** -

Obsesje

Obsesja jest zaburzeniem, które charakteryzuje się natrętnymi i uporczywymi myślami, obrazami lub impulsami, które prześladują osobę i powodują dyskomfort. Pacjent zdaje sobie sprawę z irracjonalności swoich myśli i nie jest w stanie ich kontrolować. Obsesyjne myśli często dotyczą zdrowia i higieny, interakcji społecznych, niepewności, religii lub innych osób. Pacjenci często wykonują rytualne zachowania, aby zmniejszyć niepokój związany z obsesjami. Obsesja należy do symptomów nerwicy natręctw i może objawiać się na różne sposoby, takie jak fobia, myśli, impulsywne zachowanie lub ruminacje. Obsesje mogą prowadzić do różnych objawów fizjologicznych, takich jak potliwość, kołatanie serca, suchość w ustach czy objawy gastryczne, a także do różnych chorób związanych ze stresem.

Obsesja niepewności

Pacjent ma natrętne myśli dotyczące potencjalnych zagrożeń lub błędów, które mogłyby mieć poważne konsekwencje. Mogą one dotyczyć różnych sfer, takich jak bezpieczeństwo domu, czyjeś zdrowie lub praca. Pacjent często powtarza czynności, takie jak sprawdzanie drzwi lub kontrolowanie czy urządzenie jest wyłączone, aby upewnić się, że nie stanowią zagrożenia.

Obsesja religijna

Pacjent ma natrętne myśli lub obrazy które dotyczą religii lub wiary, takie jak bluźniercze myśli lub wyobrażenia, które są sprzeczne z jego przekonaniami religijnymi. Pacjent z powodu tych myśli może robić rytualne czynności, aby je zniwelować.

Obsesja liczb

Pacjent ma natrętne myśli dotyczące liczb, które są ważne dla jego przekonań lub rytuałów. Mogą to być liczby, które pacjent uważa za szczególnie ważne lub liczby, które pacjent uważa za niebezpieczne. Pacjent może czuć się zmuszony do powtarzania czynności związanych z liczbami, takich jak liczenie lub unikanie liczb.

Obsesja natrętnych myśli

Pacjent ma powtarzające się myśli, które są irracjonalne lub obraźliwe, takie jak myśli o przemocy lub myśli seksualne. Pacjent może czuć się winny z powodu tych myśli lub robić rytualne czynności, aby je zniwelować.

Obsesja perfekcjonizmu

Pacjent ma natrętne myśli dotyczące perfekcji i nieustannie dąży do doskonałości. Pacjent jest bardzo krytyczny wobec siebie i innych, a także może mieć trudności w podejmowaniu decyzji lub kończeniu projektów, ponieważ nigdy nie są one wystarczająco doskonałe.

Obsesja kontroli

Pacjent ma natrętne myśli dotyczące kontrolowania różnych aspektów życia, takich jak przyszłość, innych ludzi, czy własne emocje. Pacjent może próbować kontrolować sytuacje lub innych ludzi, co często prowadzi do konfliktów i trudności w relacjach.

Obsesja związana z jedzeniem

Pacjent ma natrętne myśli dotyczące jedzenia, takie jak obawa przed przytyciem, nadmierne liczenie kalorii, czy trudności z jedzeniem w obecności innych osób. Pacjent może także mieć trudności z utrzymaniem prawidłowej wagi ciała, a także zmagać się z zaburzeniami odżywiania, takimi jak anoreksja lub bulimia.

Opis przypadku obsesji:

Pani Maria, w wieku 45 lat, zgłosiła się do lekarza z powodu natrętnych myśli dotyczących czystości i zdrowia. Pacjentka skarżyła się, że myje ręce kilkadziesiąt razy dziennie, aby uniknąć zakażenia chorobą przenoszoną drogą kropelkową. Pani Maria mówiła, że jej myśli są irracjonalne, ale nie jest w stanie ich kontrolować i czuje się zaniepokojona i zestresowana przez cały czas.

Dodatkowo, Pani Maria ma trudności z utrzymaniem kontaktów z innymi ludźmi, ponieważ boi się, że zarazi ich chorobą, unika więc spotkań towarzyskich i pracy z ludźmi. Pacjentka skarży się też na problemy z zasypianiem i trudności z koncentracją.

Lekarz potwierdził, że pacjentka ma obsesję higieny i zdrowia, jest to jeden z rodzajów obsesji. Pani Maria zgodziła się na leczenie i została skierowana na terapię behawioralno – poznawczą oraz leki antydepresyjne, które pomogły jej zmniejszyć natrętne myśli i zwiększyć zdolność do radzenia sobie z nimi.

Ruminacje

Ruminacja to proces, w którym osoba powtarza i analizuje negatywne myśli, uczucia i wydarzenia, zwykle związane z przeżyciami traumy lub stresu. Ruminacja jest często opisywana jako "przewracanie" myśli w głowie, a proces ten może trwać godziny, dni lub nawet tygodnie. Ruminacja jest uważana za jedną z głównych cech zaburzeń depresyjnych i lękowych, a także innych zaburzeń emocjonalnych, takich jak zaburzenia obsesyjno–kompulsywne i zaburzenia stresowe pourazowe.

Ruminacja jest często skupiona na negatywnych aspektach wydarzeń, takich jak porażka, odrzucenie, stratę, a także na negatywnych aspektach samego siebie, takich jak brak wartości, brak kompetencji lub brak kontroli. Ruminacja może prowadzić do depresji, lęku i trudności w radzeniu sobie z codziennymi obowiązkami.

Ruminacja jest również uważana za jedną z głównych przyczyn utrzymywania się negatywnych nastrojów. Pomimo tego, że ruminacja może być przez jakiś czas pomocna w radzeniu sobie z trudnymi sytuacjami, długotrwałe ruminacje mogą prowadzić do pogorszenia zdrowia psychicznego, a także do trudności w radzeniu sobie z codziennymi obowiązkami i relacjami.

Słowo "ruminacja" pochodzi od łacińskiego słowa "ruminare", co oznacza "przeżuwanie" lub "ponowne przeżuwanie". Termin ten został pierwotnie użyty w odniesieniu do procesu fizjologicznego, w którym zwierzęta ponownie przeżuwają trawę, aby lepiej strawić białko i tłuszcze. Potem psychologowie przenieśli ten termin na opis procesu mentalnego, w którym osoba ponownie przetwarza i analizuje negatywne myśli, uczucia i wydarzenia.

Ruminacja to proces powtarzającego się i niepożądanego myślenia, który utrudnia formułowanie opinii, ocen interpersonalnych oraz rozwiązywanie problemów. Może ona pojawić się jako efekt różnicy między oczekiwaniami a rzeczywistością. Ruminacje są często kojarzone negatywnie z depresją, jednak mogą też być ruminacjami refleksyjnymi, które polegają na kontrolowanym rozważaniu doświadczeń i próbie rozwiązania problemów.

Ruminacje negatywne

Ruminacje negatywne to powtarzające się i niepożądane myśli dotyczące negatywnych doświadczeń, które nie przynoszą rozwiązania problemów i prowadzą do pogorszenia samopoczucia.

Ruminacje refleksyjne

Ruminacje refleksyjne to bardziej kontrolowane rozważania dotyczące doświadczeń, które pozwalają na przetworzenie informacji, lepsze zrozumienie sytuacji i podejmowanie próby rozwiązania problemów. Technika która pozwala poradzić sobie z ruminacjami to autoafirmacja.

Kompulsje

Kompulsje to nawracające czynności lub myśli, które osoba wykonuje w celu zapobiegnięcia jakiegoś negatywnego wydarzenia lub zredukowania niepokoju. Są one charakterystyczne dla zaburzeń obsesyjno-kompulsyjnych (ZOCD) i są często irracjonalne i bezsensowne. Kompulsje mogą być różnego rodzaju, od pojedynczych czynności takich jak mycie rąk, do bardziej skomplikowanych zestawów czynności, takich jak mieszanie herbaty dziesięć razy w określoną stronę, stojąc przy oknie z jednocześnie zaciśniętymi zębami. Mogą być one również jawne, takie jak zachowania, które są widoczne dla innych ludzi, lub niejawne, takie jak czynności umysłowe, takie jak modlenie się, liczenie czy powtarzanie słów.

Osoby z ZOCD zdają sobie sprawę z irracjonalności swoich kompulsji, jednak czują się zmuszone do ich wykonywania, ponieważ boją się, że jeśli tego nie zrobią, to coś złego się wydarzy. Kompulsje mogą zajmować codziennie wiele godzin i często wiążą się z dużym spowolnieniem i niezdecydowaniem. Podejmowane próby przeciwstawienia się kompulsjom są zwykle bezskuteczne.

Najczęstsze występujące kompulsje:

• Czystość i higiena: kompulsje dotyczące mycia rąk, dezynfekcji, sprzątania, itp.

• Bezpieczeństwo: kompulsje dotyczące sprawdzania, czy np. zamknęliśmy drzwi, czy kuchenka jest wyłączona, itp.

• Porządek i symetria: kompulsje dotyczące układania przedmiotów w określonym porządku, powtarzania czynności w określonej kolejności, itp.

• Duchowość i religia: kompulsje dotyczące modlitwy, rytualnej czci, itp.

• Seksualność: kompulsje dotyczące seksualnych myśli lub obrazów, które są uważane za nieodpowiednie lub obrzydliwe.

• Myśli i obrazy: kompulsje dotyczące powtarzania słów, liczenia, układania myśli w określonej kolejności, itp.

• Kompulsje dotyczące obawy przed skrzywdzeniem innych lub siebie.

• Impuls kontrolny: kompulsje dotyczące trudności w powstrzymywaniu się od działań, które są uważane za szkodliwe lub nieodpowiednie.

— Rozdział 6 -
Zespół stresu pourazowego (PTSD)

Zespół stresu pourazowego (PTSD) jest zaburzeniem psychicznym, które należy do grupy zaburzeń lękowych. Powstaje ono w wyniku czynników stresogennych, takich jak przeżycia traumatyczne, takie jak katastrofy naturalne, wojny, ataki terrorystyczne, przemoc seksualna i fizyczna. PTSD jest uważane za jedną z reakcji na traumatyczne wydarzenia według klasyfikacji ICD–10. Szacuje się, że PTSD może dotyczyć aż 6% populacji światowej. W Polsce diagnoza PTSD stała się powszechnie rozpoznawalna po operacjach wojskowych polskich kontyngentów w Iraku. PTSD najczęściej dotyka ofiary gwałtów, żołnierzy, uczestniczących w operacjach wojskowych, jak również świadków traumatycznego wydarzenia. Im bardziej stresogenne było wydarzenie, tym większe jest prawdopodobieństwo wystąpienia PTSD.

Objawy PTSD:

- wspomnienia lub sny dotyczące traumatycznego wydarzenia,
- unikanie sytuacji lub miejsc kojarzących się z przeżytym traumą,
- niepokój, lęk i pobudzenie emocjonalne, trudności w radzeniu sobie z emocjami, trudności z koncentracją, poczucie beznadziei.

Osoby, które zostały wcześniej przygotowane do radzenia sobie z trudnymi sytuacjami, mogą być mniej podatne na rozwój zaburzenia stresu pourazowego (PTSD). Według Kwestionariusza Dojrzałości Społecznej CISS, osoby o stylu skoncentrowanym na zadaniu, czyli te, które są bardziej opanowane, lepiej radzą sobie w sytuacjach trudnych i zagrażających życiu, są mniej emocjonalne, mogą być mniej podatne na rozwój PTSD.

Warto również zauważyć, że reakcja na traumę może być różna w zależności od czasu jej wystąpienia i trwania. Można wyróżnić ostrą reakcję na stres (ang. acute stress reaction, ASR) oraz zaburzenie stresowe pourazowe (PTSD). Ostra reakcja na stres jest krótkotrwałym zaburzeniem, które pojawia się bezpośrednio po traumatycznym wydarzeniu i zwykle ustępuje samoistnie po kilku dniach. Natomiast PTSD jest długotrwałym zaburzeniem, które pojawia się po traumatycznym wydarzeniu i może trwać przez długi czas, jeśli nie jest leczone.

Kryteria diagnostyczne PTSD wg DSM-5

Kryterium A

- Byłeś narażony na jedno lub więcej zdarzeń, które wiązały się ze śmiercią lub groźbą śmierci, rzeczywistymi lub groźnymi poważnymi obrażeniami lub groźbą napaści seksualnej.
- Ponadto zdarzenia te wystąpiły na jeden lub kilka następujących sposobów:
- Doświadczyłeś tego wydarzenia.
- Byłeś świadkiem zdarzenia.
- Dowiedziałeś się o wydarzeniu, w którym bliski krewny lub przyjaciel doświadczył przemocy lub zmarł.
- Doświadczyłeś wielokrotnego kontaktu z niepokojącymi wydarzeniami, np. policjant, który wielokrotnie słyszał o seksualnym wykorzystywaniu dzieci.

Kryterium B

- Występuje co najmniej jeden z następujących natrętnych objawów związanych z traumatycznym wydarzeniem:
- Niespodziewane lub oczekiwane powtarzające się, mimowolne i natrętne niepokojące wspomnienia traumatycznych wydarzeń.
- Wielokrotne sny, których treść jest związana z traumatycznym wydarzeniem.

- Doświadczenie pewnego rodzaju dysocjacji (na przykład retrospekcje), w których czujesz, że traumatyczne zdarzenie dzieje się ponownie.
- Silne i uporczywe cierpienie po ekspozycji na sygnały wewnątrz lub na zewnątrz ciała, które są połączone z traumatycznym wydarzeniem.
- Silne reakcje fizyczne (na przykład zwiększone tętno) po ekspozycji na przypomnienie traumatycznego zdarzenia

Kryterium C

- Częste unikanie przypomnień związanych z traumatycznym wydarzeniem, o czym świadczy jedno z poniższych:
- Unikanie myśli, uczuć lub fizycznych wrażeń, które przywołują wspomnienia traumatycznych wydarzeń.
- Unikanie ludzi, miejsc, rozmów, działań, przedmiotów lub sytuacji, które przywołują wspomnienia traumatycznych wydarzeń.

Kryterium D

- Co najmniej trzy z następujących negatywnych zmian w myślach i nastroju, które wystąpiły lub pogorszyły się po doświadczeniu traumatycznego wydarzenia:
- Niemożność zapamiętania ważnego aspektu traumatycznego wydarzenia.
- Uporczywe negatywne oceny o sobie, innych lub świecie.
- Obwinianie innych o przyczynę lub konsekwencję traumatycznego zdarzenia.
- Negatywny stan emocjonalny (na przykład wstyd, złość lub strach), który jest wszechobecny.
- Utrata zainteresowania codziennymi czynnościami.
- Uczucie oderwane od innych.
- Niemożność odczuwania pozytywnych emocji (na przykład szczęścia, miłości, radości).w

Kryterium E

- Co najmniej trzy z następujących zmian w pobudzeniu, które rozpoczęły się lub pogorszyły po doświadczeniu traumatycznego zdarzenia :
- Drażliwość lub agresywne zachowanie.
- Zachowanie impulsywne lub auto destruktywne.
- Trudności z koncentracją.
- Problemy ze snem.

Kryterium F

Powyższe objawy trwają dłużej niż jeden miesiąc.

Kryterium G

Objawy wywołują znaczny dystres i / lub znacznie przeszkadzają w wielu różnych dziedzinach życia.

Kryterium H

Objawy nie są spowodowane stanem chorobowym lub jakąś formą zażywania substancji.

Diagnoza PTSD DSM-5

Aby zdiagnozować PTSD zgodnie z DSM-5, musisz spełnić następujące warunki:

- Kryterium A
- Jeden objaw (lub więcej) z kryterium B
- Jeden objaw (lub więcej) z kryterium C
- Trzy objawy (lub więcej) z kryterium D
- Trzy objawy (lub więcej) z kryterium E
- Kryteria od F do H

Rozdział 7

Diagnoza zaburzeń lękowych

Skala lęku (SL–C)

SL–C to narzędzie, które ma na celu zbadanie poziomu lęku jako cechy osobowości, która oznacza skłonność do postrzegania sytuacji jako niebezpiecznych lub przewidywania przyszłych wydarzeń jako potencjalnie niebezpiecznych. Ta skłonność objawia się poprzez charakterystyczne symptomy na poziomie poznawczym, emocjonalnym, behawioralnym i somatycznym. Skala SL–C jest próbą zrównoważenia różnych aspektów lęku jako cechy, biorąc pod uwagę emocje, przekonania i reakcje. Celem było opracowanie prostego i łatwego w użyciu narzędzia do pomiaru lęku jako cechy, które można wykorzystać w badaniach on–line.

SL–C składa się z 15 pytań, w których każde pytanie dotyczy częstotliwości odczuwania określonego stanu. Respondenci odpowiadają na pytanie na 4–stopniowej skali od "często" do "nigdy".

Każda odpowiedź jest punktowana w następujący sposób:

- "często" – 3,
- "czasami" – 2,
- "rzadko" – 1,
- "nigdy" – 0.

wyjątkami są pytania 9 i 11, w których punktacja jest odwrócona:

- "często" – 0,
- "czasami" – 1,
- "rzadko" – 2,
- "nigdy" – 3.

Wynik SL–C jest sumą wszystkich punktów i może wynosić od 0 (minimalne natężenie cechy lęku) do 45 (maksymalne natężenie cechy lęku). Badania naukowe wykazały, że skala SL–C jest istotnie skorelowana z innymi cechami osobowości oraz z samooceną. Analiza korelacji SL–C z wynikami kwestionariusza osobowości TIPI oraz ze Skalą Samooceny M. Rosenberga wykazała najsilniejszy dodatni związek z neurotyzmem oraz ujemny z ekstrawersją. Lęk jako cecha w skali SL–C ujemnie koreluje z samooceną w skali Samooceny SES.

Skala lęku Hamiltona

Nazwa Skali Oceny Lęku Hamiltona pochodzi od jej twórcy, psychiatry Maxa Hamiltona, który opracował to narzędzie w roku 1959. Skala ta służy do pomiaru zakresu lub nasilenia objawów lęku psychicznego i fizycznego u danej osoby, które wynikają zarówno z problemów psychicznych jak i fizycznych spowodowanych przez silny lęk. Hamilton opracował także Skalę Depresji Hamiltona, która jest podobna w formie do skali lęku, ale służy do określenia poziomów depresji.

Skala Lęku Hamiltona jest powszechnie stosowana zarówno w praktyce klinicznej jak i w badaniach naukowych jako obiektywna miara nasilenia zaburzeń lękowych. Służy do oceny zmian nasilenia lęku w trakcie leczenia oraz opisu symptomów zaburzeń lękowych. Nie jest to skala diagnostyczna, jej celem jest pomiar nasilenia zaburzeń, a nie opisanie objawów. Skala ta ocenia lęk jako syndrom, obejmuje objawy fizjologiczne, psychiczne i behawioralne, mierzy poziom lęku, jego aspekty psychiczne (np. napięcie, dystres) oraz somatyczne (np. fizyczne dolegliwości). Hamilton dostosował skalę do dorosłych i dzieci, jednak najczęściej jest stosowana w populacji młodych dorosłych. Skala jest oparta na subiektywnej ocenie, którą przeprowadza osoba przeprowadzająca wywiad. Skala ta jest powszechnie stosowana na całym świecie, również w Polsce i dostępna jest także w formie online jako test pisemny bez konieczności udziału ankietera.

Diagnoza zaburzeń lękowych

Test Hamiltona jest przeprowadzany ustnie przez specjalistę, takiego jak psychiatra lub psycholog, i składa się z pytań dotyczących odczuwanego napięcia psychicznego, stresu i depresji oraz dolegliwości fizycznych związanych z tymi stanami. Administrator testu ocenia odpowiedzi pacjenta na 14 różnych elementach, które określają rodzaj objawów pacjenta. Siedem elementów opisuje psychiczny aspekt lęku, a drugie siedem – somatyczne przejawy lęku.

Badający ocenia odpowiedzi pacjenta w 5-punktowej (0–4 pkt) skali każdego z 14 elementów.

- 0 punktów oznacza brak objawów lęku,
- 1 punkt – łagodne nasilenie,
- 2 punkty – umiarkowane nasilenie,
- 3 punkty – poważne nasilenie,
- 4 punkty – obezwładniające nasilenie lęku.

Całkowita możliwa do uzyskania punktacja wynosi 56 punktów. W każdej z dwóch części można uzyskać od 0 do 28 punktów.

Wynik testu jest interpretowany na podstawie punktów

- łagodny poziom nasilenia lęku od 18 do 24 punktów
- umiarkowany od 25 do 30 punktów
- poważny powyżej 30 punktów

W badaniach potwierdzono zgodność oraz wiarygodność skali. Wyniki badań pokazują, że osoby, które uzyskały wysoką punktację w tej skali mają klinicznie potwierdzone zaburzenia lękowe. Pacjenci z lękiem uogólnionym czy zaburzeniami panicznymi osiągają ogólną punktację w tej skali powyżej 20 punktów, a osoby bez zaburzeń lękowych uzyskują niskie wyniki.

Słabym punktem tej skali jest trudność w oddzieleniu objawów lęku od objawów związanych z depresją. Osoby z depresją, ale bez lęku, mogą uzyskać wysokie wyniki w teście, ze względu na nakładające się objawy psychiczne i fizyczne.

Kolejnym zarzutem jest podmiotowość ankietera podczas testów ustnych, która może wpływać na wynik testu. Skala Hamiltona ocenia lęk jako syndrom, jego aspekty psychiczne (napięcie, psychologiczny dystres) i somatyczne (fizyczne skargi będące wyrazem lęku). Nie jest skalą diagnostyczną, jej przeznaczeniem jest pomiar nasilenia zaburzeń, a nie opis objawów. Dlatego też, test Hamiltona jest przydatny dla specjalistów, jak lekarze i psycholodzy, którzy potrzebują szybkiego i skutecznego sposobu na ocenę nasilenia lęku u pacjenta. Warto jednak pamiętać, że jest to tylko jedno z wielu narzędzi, które specjaliści mogą wykorzystać do diagnozy i leczenia zaburzeń lękowych. Wynik testu Hamiltona powinien być interpretowany w połączeniu z innymi informacjami, takimi jak wywiad z pacjentem, inne testy i badania, aby uzyskać pełny obraz stanu zdrowia.

Inwentarz stanu i cechy lęku STAI

Inwentarz Stanu i Cechy Lęku STAI został opracowany przez Spielbergera, Gorsucha i Lushene'a i jest to narzędzie, które służy do pomiaru lęku zarówno jako stanu (skala X–1) jak i jako cechy (skala X–2).

Lęk-stan (state-anxiety) – jest chwilowym, przemijającym stanem emocjonalnym, który charakteryzuje się subiektywnie postrzeganymi uczuciami obawy i napięcia, natomiast

Lęk-cecha (trait-anxiety) – jest utrzymującą się stale gotowością do reagowania lękiem w pewnych sytuacjach.

Diagnoza zaburzeń lękowych

Wynik testu STAI jest interpretowany na podstawie skali punktów, a poziom lęku–cechy koreluje dodatnio z neurotycznością i jest związany ujemnie z cechami osobowości takimi jak ekstrawersja, kłamstwo-aprobata społeczna i inteligencja emocjonalna. Badania potwierdzają także związki lęku z różnymi wymiarami temperamentu, takimi jak żwawość, wrażliwość sensoryczna, wytrzymałość, aktywność, reaktywność emocjonalna i perseweratywność. Inwentarz STAI jest jednym z wielu narzędzi, które specjaliści mogą wykorzystać do diagnozy i leczenia zaburzeń lękowych.

Wynik testu STAI powinien być interpretowany w połączeniu z dodatkowymi informacjami, takimi jak wywiad z pacjentem, inne testy i badania, aby uzyskać pełny obraz stanu zdrowia pacjenta. Jest on używany zarówno w badaniach naukowych jak i w praktyce klinicznej. Jest przydatnym narzędziem pozwalającym na poznanie poziomu lęku jako stanu i jako cechy, co pozwala na lepszą diagnozę oraz skuteczniejsze leczenie pacjenta.

Kwestionariusz składa się z dwóch części, każda zawierająca 20 pytań. Pierwsza część dotyczy oceny lęku jako stanu odczuwanego w danym momencie, natomiast druga część dotyczy lęku jako cechy, czyli odczuwanego zazwyczaj.

Osoba badana ma do wyboru jedną z czterech skategoryzowanych odpowiedzi, które różnią się w obu częściach skali.

Jej zadaniem jest wskazanie, w jakim stopniu każde ze stwierdzeń odnosi się do niej, przez wybranie jednej z czterech podanych odpowiedzi:

- "zdecydowanie nie",
- "raczej nie",
- "raczej tak",
- "zdecydowanie tak"

lub

- "prawie nigdy",
- "czasem",
- "często",
- "prawie zawsze".

Liczba punktów uzyskanych poprzez sumowanie otrzymanych ocen w poszczególnych odpowiedziach wyraża poziom lęku. Wartości punktowe dla każdej części kwestionariusza mogą wahać się od 20 do 80 punktów. Wysokie wyniki w wymiarze lęku jako stanu mogą świadczyć o stresie w efekcie trudnej sytuacji życiowej, w jakiej znajdują się badane osoby. Stan może trwać od dwóch tygodniu do jednego miesiąca. Natomiast wysokie wyniki w wymiarze lęku jako cechy mogą świadczyć o stałej predyspozycji osobowościowej do odpowiadania lękiem na różne sytuacje życiowe.

Kwestionariusz lęku uogólnionego GAD-7

Kwestionariusz Lęku Uogólnionego GAD-7 jest jednym z najczęściej stosowanych narzędzi do diagnozowania zespołu lęku uogólnionego (GAD) i oceny poziomu lęku. Jest to 7-itemowa skala oparta na czterostopniowej skali Likerta, co pozwala na dokładniejszą ocenę poziomu odczuwanego lęku. Pytania zawarte w ankiecie zostały opracowane zgodnie z kryteriami zaburzenia lękowego zawartymi w DSM-IV, co zwiększa jego skuteczność w diagnozowaniu GAD.

Ankieta ta pozwala respondentom na ocenę różnych aspektów ich lęku, takich jak poziom napięcia, zdenerwowania, trudności w kontrolowaniu tych uczuć, łatwości ich pojawiania się oraz problemy z odprężaniem się. To pozwala na uzyskanie pełniejszego obrazu odczuwanego lęku i jego wpływu na codzienne funkcjonowanie.

Diagnoza zaburzeń lękowych

Kwestionariusz GAD-7 został przebadany i osiągnął wysoki poziom rzetelności, co potwierdza jego skuteczność w diagnozowaniu GAD. Należy jednak pamiętać, że jest to narzędzie przesiewowe, co oznacza, że na podstawie wyniku nie można postawić rozpoznania. Jest jedynie wskazówką, czy konieczna jest wizyta u specjalisty takiego jak psycholog lub psychiatra.

Kwestionariusz Lęku Uogólnionego GAD-7 składa się z 7 pytań, w których respondent może uzyskać od 0 do 3 punktów, zależnie od częstości występowania danego zjawiska w przeciągu ostatnich 14 dni.

Odpowiedzi na pytania są sklasyfikowane w 4 kategoriach:

- "wcale" (0 pkt.),
- "kilka dni" (1 pkt.),
- "częściej niż przez połowę dni" (2 pkt.),
- "niemal codziennie" (3 pkt.).

Całkowity czas potrzebny na przeprowadzenie pomiaru wynosi około 3 minuty. Kwestionariusz GAD-7 charakteryzuje się dobrą czułością i swoistością diagnostyczną, co oznacza, że jest skuteczny w wykrywaniu zespołu lęku uogólnionego.

Wynik 5, 10, 15 punktów wskazuje na występowanie odpowiednio: lęku łagodnego, umiarkowanego oraz ciężkiego.

Uzyskanie co najmniej 10 punktów wskazuje na duże prawdopodobieństwo występowania GAD.

Istnieje ścisła korelacja pomiędzy wzrostem punktacji w skali GAD-7 a zwiększaniem się stopnia niesprawności funkcjonalnej. Wyniki uzyskiwane z kwestionariusza są zwykle zgodne z rozpoznaniem stawianym przez specjalistów.

Test lęku społecznego Leibowitza lsas

Skala Lęku Społecznego LSAS, stworzona przez Leibowitza, jest narzędziem do oceny poziomu lęku społecznego, czyli fobii społecznej. Mierzy ona nasilenie objawów fobii oraz jej wpływu na codzienne funkcjonowanie. LSAS jest powszechnie stosowana w badaniach naukowych i uważana za standardowe narzędzie do oceny lęku społecznego. Skala ta jest istotnie związana z innymi skalami stosowanymi w ocenie fobii społecznej i posiada dobre właściwości psychometryczne. Warto także zauważyć, że jest ona czuła w ocenie efektywności leków stosowanych w leczeniu lęku społecznego. LSAS jest dostępna w różnych wersjach językowych. Pamiętać jednak należy, że wynik LSAS nie jest jednoznaczny z diagnozą fobii społecznej, jest jedynie pomocą diagnostyczną dla lekarza psychiatry lub psychologa. Mimo to, test może być wykonany samodzielnie, by szacunkowo określić poziom dolegliwości.

Skala Lęku Społecznego LSAS składa się z 24 itemów, które przedstawiają różne sytuacje społeczne i stopień lęku, jaki one wywołują, w skali od 0 do 3 punktów (brak, łagodny, umiarkowany, ciężki) oraz stopień unikania danej sytuacji (0–3 punktów: „nigdy", „czasami", „często", „zawsze").

Kwestionariusz zawiera 11 sytuacji dotyczących interakcji społecznych oraz 13 sytuacji związanych z występowaniem publicznym. Poszczególne itemy skali można podzielić na pięć grup tematycznych: przemówienia publiczne, aktywność publiczna, sytuacje z udziałem osób nieznanych, zdolność do przeciwstawienia się lub wyrażania dezaprobaty, aktywność w wolnym czasie. Wynik skali LSAS to suma punktów uzyskanych za każdy item.

Przyjęto następujące przedziały punktacji dla oceny nasilenia fobii społecznej:

- 55–65 punktów – umiarkowany,
- 66–80 punktów – znaczny,
- 81–95 punktów – ciężki,
- >95 punktów – bardzo ciężki.

Skala ta jest również popularnym narzędziem do oceny efektywności różnych terapii, w tym leków stosowanych w leczeniu fobii społecznej.

— Rozdział 8 -
Psychoterapia zaburzeń lękowych

Polska Rada Psychoterapii definiuje psychoterapię jako celowe i planowe oddziaływanie psychologiczne, które ma na celu złagodzenie lub usunięcie objawów zaburzeń lub poprawę funkcjonowania psychicznego i społecznego, w celu wsparcia dążeń jednostki lub rodziny do zdrowia i rozwoju. Psychoterapia jest traktowana jako główny wybór leczenia zaburzeń lękowych, a wszystkie nurty psychoterapii zajmują się tym zagadnieniem. Leczenie opiera się na wyjaśnieniu przyczyn zaburzeń, które powinny być adaptacyjne, dając pacjentowi wskazówki dotyczące działań, które powinien podjąć, aby poprawić swoją sytuację. Kluczem jest to, czy pacjent wierzy, że ta konkretna terapia może mu pomóc oraz czy współpracuje z terapeutą. Terapia powinna być indywidualnie dostosowana do problemu, potrzeb i możliwości psychofizycznych pacjenta, a jej długość zależy od stopnia nasilenia problemów, motywacji pacjenta do ich rozwiązania, pracy włożonej w terapię oraz stosowanych technik. Kluczowe jest również, aby terapeuta i pacjent współpracowali w celu osiągnięcia założonych celów terapii.

Terapia poznawczo–behawioralna lęku

Psychoterapia w nurcie poznawczo–behawioralnym jest skuteczna w leczeniu zaburzeń lękowych. Większość protokołów terapii poznawczo–behawioralnych opiera się na precyzyjnych modelach poznawczych i czynnikach behawioralnych, które utrzymują dane zaburzenie. Podczas takiej terapii pacjent uczy się rozpoznawać wzorce swojego myślenia i zachowania, które prowadzą do odczuwania lęku. Po rozpoznaniu tych wzorców pacjent jest w stanie świadomie i celowo zmienić je na takie, które zmniejszają lęk i wzmacniają umiejętności radzenia sobie z nim. Często skuteczne jest stopniowe zmierzanie się z sytuacjami, które powodują lęk. Terapia poznawczo–behawioralna pozwala skoncentrować się na trwałych zmianach w myśleniu, które koncentrują się na rozwiązaniu problemu.

Wśród najczęściej stosowanych technik terapii poznawczo-behawioralnej znajdują się:

- psychoedukacja, która wyjaśnia charakter lęku i niepokoju
- samokontrola objawów
- ćwiczenia somatyczne
- restrukturyzacja poznawcza, która polega na podważaniu irracjonalnych przekonań
- ekspozycja na bodźce wywołujące lęk.

Szczególnie ważne jest, aby pacjent poznał techniki relaksacyjne, które będzie mógł stosować w celu zmniejszenia przeżywanego napięcia. Kolejną ważną kwestią jest praca nad kontrolą zamartwiania się.

Psychoedukacja

Celem psychoedukacji jest przygotowanie pacjenta do terapii poprzez udzielanie informacji na temat przejawianych zaburzeń, udzielanie ogólnego uzasadnienia, które pozwala zrozumieć cel i przebieg leczenia oraz tworzenie odpowiednich oczekiwań dotyczących poziomu zaangażowania pacjenta w proces terapeutyczny. Psychoedukacja jest pierwszym etapem pracy w terapii poznawczo-behawioralnej zaburzeń lękowych, gdzie pacjent jest zapoznawany z modelem poznawczym w ogóle

Restrukturyzacja poznawcza

Restrukturyzacja poznawcza to proces identyfikowania nieprawidłowych myśli u pacjenta i pomagania im w korygowaniu przez ocenienie ich za pomocą dowodów i rozwijanie alternatywnych przekonań.

Trzy kroki tej techniki to:

* rozpoznanie błędów w myśleniu
* zmierzenie się z błędami myślowymi poprzez rozważenie, czy są one prawdziwe, pomocne lub konieczne
* zastąpienie zniekształconych myśli bardziej realistycznymi i pozytywnymi myślami

Powszechne zniekształcenia poznawcze w lęku to:

* przewidywanie przyszłości i katastrofizacja
* tendencyjne wyłapywanie informacji
* wnioskowanie za pomocą emocji
* myślenie czarno–białe

Wśród technik restrukturyzacji poznawczej znajduje się kilka technik. Pierwsza z nich to reatrybucja werbalna, czyli poszukiwanie dowodów słuszności sądu, co ma na celu skłonić pacjenta do stwierdzenia, że brakuje wystarczających dowodów na potwierdzenie błędnej interpretacji jego sądów czy opinii. Tutaj zadanie terapeuty nie powinno się ograniczać jedynie do zaprzeczania negatywnym ocenom poznawczym, a raczej na wydobywaniu argumentów pacjenta na rzecz negatywnych automatycznych przekonań, a następnie na wspólnej analizie ich jakości.

Terapeuta może zadawać w tym celu szereg pytań, np.

* Skąd Pani wie, co się stanie?
* Na jakiej podstawie tak Pan uważa? itd.

Kolejna technika to dekatastrofizacja, czyli zmiana myśli łączących się z negatywnymi emocjami i przewidywania przyszłości jedynie w negatywnych barwach. W tym celu można poprosić pacjenta, aby wyobraził sobie i opisał najgorszy scenariusz zdarzenia/sytuacji budzącej jego lęk, a następnie wyobraził sobie i opisał najbardziej optymistyczny scenariusz tego samego zdarzenia/sytuacji. Dzięki takiemu równoważeniu myślenia katastroficznego, porównaniu najgorsze/najlepsze można ustalić najbardziej prawdopodobny scenariusz zdarzeń i pomóc pacjentowi uciec spod wpływu negatywnych myśli.

Restrukturyzacja poznawcza może być wykorzystywana do zmiany sposobu myślenia pacjenta. Jest to szczególnie widoczne w przypadku lęku panicznego. W tym celu terapeuta może poprosić pacjenta o skupienie się na jednej części ciała przez kilka minut, a następnie sprawdzić, jakie są jego spostrzeżenia. Innym ważnym ćwiczeniem wykorzystywanym w tej technice jest czytanie i rozważanie par wyrazów, które mogą wywoływać lęk, np. zawroty głowy – omdlenie, kołatanie serca – zawał, drętwienie – udar.

Ekspozycja na lęk

W terapii poznawczo–behawioralnej w pracy z pacjentem często stosuje się technikę ekspozycji, która jest próbą konfrontacji z bodźcem w bezpiecznych warunkach, wspieranych przez terapeutę. W ostatnim czasie dodano symulację komputerową jako alternatywę dla klasycznych form. Ważne jest ustalenie hierarchii bodźców wywołujących lęk. Celem techniki ekspozycji jest zmniejszenie intensywności lęku, ograniczenie unikania jako strategii behawioralnej i modyfikacja dysfunkcjonalnych przekonań dotyczących emocji lęku.

Terapia ekspozycyjna

Aby skutecznie wykonać terapię ekspozycyjną, pacjent musi być wcześniej odpowiednio przygotowany. Zbudowanie hierarchii bodźców wywołujących lęk oraz nauczenie się monitorowania lęku w trakcie ekspozycji jest konieczne. Terapia ekspozycyjna składa się zazwyczaj z wybrania bodźca o umiarkowanym natężeniu, ocenienia lęku przed i po wejściu w sytuację lękotwórczą, stosowania wyuczonej wcześniej formy relaksacji, aż do obniżenia się poziomu lęku, oraz wielokrotnego powtarzania ekspozycji w ciągu sesji. Terapeuta powinien wspierać pacjenta, doceniać jego wysiłek i przypominać mu, że w końcu lęk się zmniejszy, a także wyrazić uznanie za wykonaną pracę.

Terapia implozywna

Terapia implozywna polega na wywoływaniu silnego lęku u pacjenta, bez uwzględnienia hierarchii bodźców lękowych, która była kluczowa w technikach ekspozycyjnych. Jej zwolennicy wierzą, że najskuteczniejszym sposobem na wygaszenie irracjonalnego lęku jest doświadczenie silnej reakcji lękowej, bez szkody dla pacjenta. Terapeuta opisuje bardzo przerażającą sytuację dla pacjenta, a następnie nakłania go, aby wyobraził sobie ją tak intensywnie, jak to tylko możliwe. Powoduje to eksplozję panicznego strachu, dlatego nazywa się ją implozją. Gdy jest powtarzana, lęk traci swoją zdolność wzbudzania strachu. Gdy lęk zostaje wygaszony, zachowanie neurotyczne, wykorzystywane w celu uniknięcia go, zanika. Terapia implozywna jest wrzuceniem pacjenta na głęboką wodę, ponieważ konfrontuje go z sytuacją wywołującą paniczny strach i utrzymuje go w stałym niepokoju. Opiera się ona teorii wzmocnień: ignorowane zachowanie znika, dlatego jeśli podczas sesji terapeutycznej, np. w pobliżu pacjenta, chodzi pająk, ale nie dzieje się nic złego, osoba cierpiąca z fobii dochodzi do wniosku, że nie ma się czego bać.

Terapia implozywna jest skuteczną metodą leczenia, która wykorzystuje niewiedzę pacjenta jako kluczowy element. Gdy pacjent nie jest świadomy tego, że terapeuta celowo wywołuje u niego lęk, jest on w stanie lepiej sobie z nim poradzić. W tej technice pacjent jest zachęcany do wyobrażania sobie sytuacji lękowych i stopniowego przyzwyczajania do trwania w tym lęku. Ostatecznie, gdy pacjent dostrzeże, że wcześniej lękotwórczy obiekt nie stwarza żadnego zagrożenia, lęk ustępuje. Aby terapia implozywna była skuteczna, pacjent musi być odpowiednio przygotowany. Powinien otrzymać wskazówki dotyczące techniki oraz być poinformowany o możliwości wystąpienia silnego lęku, ale nie związanego z zagrożeniem. Terapia implozywna może być skuteczna w leczeniu wielu zaburzeń, takich jak zaburzenia lękowe, PTSD, depresja, a nawet fobie. Może być stosowana zarówno u dorosłych, jak i dzieci. Terapia implozywna jest skuteczna dzięki temu, że skupia się na poznawczym przetwarzaniu lęku, a nie jedynie na jego unikaniu. Pacjent wykorzystuje swoje wyobrażenia, by przyzwyczaić się do konfrontacji z lękiem i uzyskać nad nim lepszą kontrolę. Skuteczność tej techniki jest potwierdzona w wielu badaniach.

Desensytyzacja

Desensytyzacja to technika leczenia, która wykorzystuje konfrontację pacjenta z obiektem wywołującym lęk, aby stopniowo zmniejszyć intensywność jego reakcji wywołanych lękiem. Pacjenci mogą wyobrażać sobie, obserwować lub bezpośrednio obcować z obiektem, który powoduje lęk. Wstępne przygotowanie obejmuje nauczenie pacjenta technik odprężenia, które pomogą mu radzić sobie z lękiem. Po tym pacjent zostaje zapoznany z listą bodźców, które będą obecne podczas terapii i układa je w hierarchię od najsłabszych do najsilniejszych. Jest to ważne, ponieważ pozwala pacjentowi konfrontować się z bodźcem w miarę jego postępów w terapii. W miarę stopniowego przechodzenia przez listę, pacjent zaczyna zauważać zmniejszenie intensywności reakcji lękowych występujących w odpowiedzi na każdy bodziec. Leczenie obejmuje również omówienie z pacjentem tego, jakie rodzaje bodźców będą obecne podczas sesji terapeutycznych, aby mógł on świadomie wziąć udział w terapii.

Modelowanie

Modelowanie jest jedną z technik terapii behawioralnej, w której terapeuta demonstruje pożądane zachowanie i pomaga pacjentowi naśladować to zachowanie, zachęcając go i podtrzymując jego motywację. Jest to skuteczna procedura w pracy z osobami nieśmiałymi, skłonnymi do izolowania się, mizantropii. Uczenie się lęku przez modelowanie zachodzi, gdy osoba obserwuje zachowania, które wzbudzają lęk u modela. W im bliższym związku emocjonalnym pozostaje naśladujący z modelem, tym większe prawdopodobieństwo przejęcia zachowań modela. Badania wskazują, że pokrewieństwo z osobą cierpiącą na uogólnioną fobię społeczną zwiększa podatność człowieka na tego rodzaju fobię. Nie muszą być jednak za to odpowiedzialne geny. Powodem może być nauka przez modelowanie. Samo przebywanie dziecka w otoczeniu osób nieśmiałych zwiększa szanse na to, że nabędzie ono skłonności do reakcji lękowych. Modelowanie jest skuteczną metodą, która polega na uczeniu się poprzez naśladowanie zachowania innych osób. Bezpośrednio nie jesteśmy nagradzani, ale naśladując modela, który tę nagrodę otrzymał, zwiększamy naszą szansę na otrzymanie nagrody (wzmocnienie zastępcze). Skutkiem naśladownictwa i modelowania jest nabycie nowego wzorca zachowania bądź też zahamowanie lub rozhamowanie określonego zachowania na skutek wzmocnienia lub kary, które otrzymuje model. Modelowanie jest skuteczną metodą, która polega na uczeniu się poprzez naśladowanie zachowania innych osób. Bezpośrednio nie jesteśmy nagradzani, ale naśladując modela, który tę nagrodę otrzymał, zwiększamy naszą szansę na otrzymanie nagrody (wzmocnienie zastępcze). Skutkiem naśladownictwa i modelowania jest nabycie nowego wzorca zachowania bądź też zahamowanie lub rozhamowanie określonego zachowania na skutek wzmocnienia lub kary, które otrzymuje model.

— Rozdział 9 -
Inne metody leczenia zaburzeń lękowych

Mimo że istnieje wiele technik terapeutycznych stosowanych w leczeniu zaburzeń lękowych, nie zawsze dają one pełną skuteczność. Każdy rodzaj tego rodzaju dolegliwości odpowiada inaczej na leczenie. Mogą istnieć również inne metody, które mogą okazać się skuteczne, choć nadal nie są one dobrze doświadczane. Aby zapewnić zachowanie maksymalnej skuteczności terapeutycznej, należy wziąć pod uwagę wszelkiego rodzaju metody leczenia zaburzeń lękowych.

Terapia EMDR

Terapia EMDR (eye movement desensitization and reprocessing), której celem jest odwrażliwianie i przetwarzanie za pomocą ruchu gałek ocznych, jest rekomendowana przez Światową Organizację Zdrowia (WHO) i Amerykańskie Towarzystwo Psychiatryczne (APA) jako jedna z dwóch najlepszych technik leczenia urazów psychicznych, obok terapii poznawczo–behawioralnej. Metoda ta ma już swoje udokumentowane wyniki w wielu latach praktyki i została poparta obiecującymi rezultatami badań. W obecnych zaleceniach klinicznych EMDR ma więcej wskazań do wykorzystania w innych zaburzeniach, takich jak depresja, a także jest coraz bardziej kontrolowana dzięki badaniom dotyczących innych dolegliwości takich jak psychoza, przewlekły ból, uzależnienie lub fobie. Terapia EMDR wynika z założenia, że doświadczenia traumatyczne mogą zablokować naturalny proces przetwarzania informacji w naszym systemie nerwowym. Jeśli przetwarzanie zostanie zablokowane, w naszej pamięci nadal pozostają emocje związane z tamtym zdarzeniem, które nie muszą stale być aktywne, jednak gdy bieżąca sytuacja będzie podobna do traumatycznego doświadczenia z przeszłości, emocje z nim związane wpłyną na samo poczucie chorego.

Terapia EMDR składa się z ośmiu faz, które są standardowymi protokołami i procedurami przeznaczonymi zarówno dla dzieci, jak i dorosłych.

Te osiem krokówto:

- wywiad od pacjenta,
- przygotowanie pacjenta,
- ocena pierwotnych czynników wspomnienia,
- desensytyzacja wspomnienia traumy,
- instalacja przekonania pozytywnego,
- skan ciała,
- Zamknięcie,
- reewaluacja.

Wszystkie te etapy oraz protokół w układzie czasowym, wspomnienie z przeszłości, sytuacja teraźniejszości a także możliwe warunki w przyszłości ułatwiają całościowe rozpatrzenie wizji wspomnienia urazowego, przygotowania pacjenta i przetwarzania wydarzeń z przeszłości, które doprowadziły do rozwinięcia się zaburzenia oraz obecnych problemów i obaw oraz możliwych bodźców, które mogłyby stać się przyczyną tego rodzaju objawów.

Podczas sesji terapeutycznej EMDR pacjenci są wystawiani na bodźce szybko wodzące wzrokowo za palcem terapeuty lub szybko naprzemiennie odbierane bodźce słuchowo – wzrokowe, wykorzystując słuchawki podłączone do komputera z odpowiednim oprogramowaniem, albo też szybkim wzajemnym dotykaniu ramion (może ono być wykonane przez terapeutę lub za pomocą specjalistycznego sprzętu). Celem tych stymulacji jest to, aby osoba poddana terapii ponownie przypomniała sobie wspomnienia wywołujące traumy. W wyniku wizyty u terapeuty stosującego technikę EMDR można pozbyć się niepożądanych reakcji i sprawić, że zdarzenia z przeszłości nie staną się już nadmiernie destrukcyjnymi ani nie będą wpływały na teraźniejszość i przyszłość. Metoda ta polega na przywołaniu bolesnych i stresujących wspomnień, skupieniu uwagi na uczuciach i myślach, które ono powoduje, a także naprzemiennym bodźcu półkul mózgowych, przy użyciu oczu, lub innych elementów. W pierwszym etapie terapii precyzyjnie przygotowuje się pacjenta, aby zacząć pracować nad traumą – uczy się on m. in. jak radzić sobie z napięciem, lękiem, a także jak wzmacniać odczuwanie bezpieczeństwa.

Arteterapia

Arteterapia stanowi doskonały uzupełniający element edukacji oraz proces terapii, jednak trudno jest precyzyjnie ją opisać ze względu na wiele dziedzin, w których występuje, oraz wielość koncepcji ją wyjaśniających. Można przyjąć, że jest to termin definiujący wykorzystywanie sztuk plastycznych w celu usprawnienia procesu rekonwalescencji osoby pacjenta. Jego nazwa składa się z dwóch członów – sztuka (z łaciny) oraz terapia (z greckiego), wobec czego arteterapia to wykorzystanie form i środków wyrazu obszarów sztuki, w procesie terapii. Jej głównym celem jest optymalizacja jakości życia pacjenta, poprzez pokonanie konkretnych trudności, aby ten mógł osiągnąć szczęście. Używa się tutaj zarówno specjalnych ćwiczeń, jak i technik, które pozwalają odkrywać własne potencjały twórcze i skoncentrować się na procesie tworzenia.

Zaliczają się donich:

- muzykoterapia,
- plastykoterapia,
- choreoterapia,
- biblioterapia,
- filmoterapia,
- fotografoterapia
- chromoterapia.

Przykładowe ćwiczenia arteterapii mogą polegać na:

- rysowaniu lub wyryciu w piachu dowolnych kształtów,
- napisaniu wiersza o swoich myślach i uczuciach,
- namalowaniu swojego autoportretu z lustrzanego odbicia.

Ważnym elementem terapii przez sztukę jest pozbycie się konieczności spełniania wymagań i krytykowania swojego dzieła. Dzięki tym ćwiczeniom można ćwiczyć koncentrację, radzenie sobie ze stresem i wyrażać własne myśli i odczucia w ciekawy i twórczy sposób.

Posłowie

Ta książka była dla nas ważnym przedsięwzięciem i mamy nadzieję, że czytelnicy odkryją w niej wiele wartościowych informacji na temat depresji, zaburzeń lękowych i innych problemów natury psychicznej. To wyjątkowy projekt w którym chcieliśmy przekazać nie tylko psychoedukację, ale również nadzieję i wsparcie dla osób zmagających się z tymi problemami.

W tej książce omawiamy wiele zagadnień związanych z depresją, leczeniem depresji, alternatywnymi formami terapii, uzależnieniem od mediów społecznościowych, substancjami psychoaktywnymi, negatywnym sposobem myślenia, poczuciem własnej wartości, wpływem snu na stany depresyjne, zaburzeniami odżywiania, zaburzeniami lękowymi oraz diagnozą zaburzeń lękowych.

Mamy nadzieję, że przeczytanie tej książki pomoże Ci zrozumieć, jak działa depresja i jak można jej przeciwdziałać. Wierzymy, że wiedza, którą przekazujemy, pozwoli Ci na bardziej świadome podejście do własnego zdrowia psychicznego oraz doda Ci sił w walce z problemami natury psychicznej. Życzymy Ci wszystkiego najlepszego i pamiętaj, że zawsze możesz szukać pomocy, jeśli jej potrzebujesz.